企→业→日→常→管↓理←系←列←丛←书

国际贸易管理

常见问题清单

余棉红
编著

地震出版社
Seismological Press

图书在版编目（CIP）数据

国际贸易管理常见问题清单 / 余棉红编著 . -- 北京 : 地震出版社 , 2021.8
（企业日常管理系列丛书 / 陈明星主编）
ISBN 978-7-5028-5236-8

Ⅰ . ①国… Ⅱ . ①余… Ⅲ . ①国际贸易—贸易管理 Ⅳ . ① F74

中国版本图书馆 CIP 数据核字 (2021) 第 092932 号

地震版 XM4564/F（6085）

国际贸易管理常见问题清单

余棉红 编著
特约编辑：段会敏 贾梦婕
责任编辑：李肖寅
责任校对：凌 樱

出版发行：地 震 出 版 社
北京市海淀区民族大学南路 9 号　　邮编：100081
发行部：68423031　68467991　　传真：88421706
总编室：68462709　68423029
证券图书事业部：68426052
http：//seismologicalpress. com
E-mail：zqbj68426052@ 163. com
经销：全国各地新华书店
印刷：北京柯蓝博泰印务有限公司

版（印）次：2021 年 8 月第 1 版　2021 年 8 月第 1 次印刷
开本：710 × 960　1/16
字数：282 千字
印张：16
书号：ISBN 978-7-5028-5236-8
定价：48.00 元

编辑委员会

前　言

PREFACE

常言道：“不想当将军的士兵不是好士兵！”每个人都应该有自己的职业追求，将自己锻炼成为一名出色的职场精英。有了目标，工作起来才有劲头，才会让自己获得长足的发展。

工作就是在解决问题，解决问题的水平体现了一个人工作能力的高与低。如何在日常工作中，通过解决每个实际问题而不断提升自己的工作能力，是每个人晋升和自身发展亟待解决的问题！为此，我们特别编写了“企业日常管理系列丛书”。

该丛书包括：《财务工作常见问题清单》《采购管理常见问题清单》《仓储管理常见问题清单》《新产品运营管理常见问题清单》《供应链管理常见问题清单》《行政工作常见问题清单》《绩效管理常见问题清单》《客户服务常见问题清单》《企业资本运营常见问题清单》《人力资源工作常见问题清单》《商品配送管理常见问题清单》《生产管理常见问题清单》《物流服务常见问题清单》《销售团队管理常见问题清单》《促销管理常见问题清单》《项目运营常见问题清单》《国际贸易管理常见问题清单》《大客户销售常见问题清单》共18本，对日常工作常见问题和容易忽略的细节问题进行了梳理，并在整体上架构了不同职位人士的日常工作模型，让每一项工作一目了然，细节无遗漏，工作不失误。读者可以根据自己所需即查即用，轻松解决工作问题。

本丛书有如下特点。

第一，能帮助读者重新梳理自己的工作问题，让工作脉络更加清晰。

第二，能帮助读者加深对每项工作的理解，书中既有针对工作问题的规范性操作，也有经验性的总结，两者的完美结合会对工作问题的解决起到了事半功倍的作用。

第三，每项工作都设有工作场景描述，读者可以根据工作需要，即查即用，避免了在漫天的文字中间寻找答案，非常实用、方便。

第四，能帮助读者养成总结工作经验的习惯。

第五，引导读者形成“问题导向”的工作意识，从此进入自我提升的快车道。

本丛书认真选取了当下企业中的热点职位及重点部门，从日常工作的实际问题出发，针对每个工作问题进行了思路拓展性解读与分析，给出了经验性的总结阐述，可改善从业者的当前工作局面，为从业者搭建起提升工作能力的可靠阶梯，也为相关专业工作人员全面提升业务水平提供了可借鉴的方法。

全球化发展至今日，资源配置国际化使得国际贸易往来越发密切，能否高效完成一项国际贸易项目活动，直接反应参与国际贸易工作者的工作能力。将自己锻炼成为精于国际贸易规则和有丰富工作经验的专业人士，不但要掌握国际贸易的基本准则与规范，更要在日常的工作细节中不断提升解决问题的能力。

本书倡导“国际贸易工作清单式管理”，以“国际贸易工作常见问题”为主题展开，全面梳理国际贸易工作常见问题，嵌入“问题导向”的思维意识，重新定义每一项国际贸易工作，并进行操作规范指导与工作经验提示相结合的阐述方式，悉数国际贸易工作的每个关键点。

这是一本揭开国际贸易管理工作“问题导向”思维方法的书。读者朋友可以对照国际贸易管理工作常见问题，即查即用。

本丛书在编写过程中，得到了相关从业者及工作伙伴的大力支持和配合，在此一并表示感谢！

目 录

CONTENTS

第1章 国际贸易谈判工作常见问题

1.1 如何恰当地表示商品的品质 003

1.2 如何处理外商提出的“中性包装”要求 005

1.3 如何利用函电与客户进行交易磋商 006

1.4 如何处理国际与国内销售谈判的差异 008

1.5 如何把握外国人的谈判特点 010

1.6 如何选定国际销售谈判人员 012

1.7 如何处理主场国际销售谈判 014

1.8 如何处理客场国际销售谈判 016

1.9 如何进行进出口业务谈判 018

第2章 国际贸易合同管理常见问题

2.1 如何正确订立商品的品质条款 023

2.2 如何正确订立商品的数量条款 025

2.3 如何正确订立商品的包装条款 027

2.4 如何正确订立商品的价格条款 028

2.5 如何正确订立商品的装运条款......030
2.6 如何正确订立商品的运输保险条款......032
2.7 如何制订运输条款......034
2.8 如何制订进口货物海洋运输条款......036
2.9 如何制订出口货物海洋运输条款......039
2.10 如何采用恰当形式签订有效的进出口合同......041
2.11 如何确定进出口合同的内容......043
2.12 如何恰当使用国际贸易术语......044
2.13 如何使用 EXW 合同......047
2.14 如何使用 FCA 合同......048
2.15 如何使用 FOB 合同......050
2.16 如何使用 CFR 合同......052
2.17 如何使用 ClF 合同......053
2.18 如何订立国际商品经销协议......055
2.19 如何订立国际商品代理协议......057
2.20 如何订立国际商品寄售协议......060
2.21 如何订立来料加工合同......061
2.22 如何订立补偿贸易合同......063
2.23 如何在进出口合同中正确订立商品的检验条款......065
2.24 如何在进出口合同中正确订立索赔条款......067
2.25 如何在进出口合同中正确订立定金条款......068
2.26 如何在进出口合同中正确订立不可抗力条款......069
2.27 如何在进出口合同中正确订立仲裁条款......071

第3章 国际贸易货品运输工作常见问题

3.1 如何选用适当的进出口商品包装......077
3.2 如何选择恰当的商品运输方式......079

3.3 如何规定商品装运时间 082
3.4 如何规定商品装运港（地）和目的港（地） 083
3.5 如何选择海洋运输货物保险 085
3.6 如何进行班轮运输管理 088
3.7 如何进行租船运输管理 091
3.8 如何进行海运外的运输方式管理 093
3.9 如何处理海洋运输中的损失 096
3.10 如何选择国际货物运输投保类型 099
3.11 如何明确国际货物运输保险实务 101

第4章 国际贸易货物进出口相关手续办理常见问题

4.1 如何正确使用各种货款支付工具 107
4.2 如何以汇付方式收付货款 111
4.3 如何以托收方式收付货款 114
4.4 如何保证托收方式下合同货款安全及时收回 116
4.5 如何利用银行保函支付货款 117
4.6 如何结合使用各种支付方式 119
4.7 如何办理备货和报验工作 120
4.8 如何审核国外进口商开来的信用证 122
4.9 如何办理出口货物的租船订舱手续 124
4.10 如何办理出口货物的投保手续 126
4.11 如何办理出口货物的报关手续 127
4.12 如何缮制汇票 128
4.13 如何缮制商业发票 131
4.14 如何缮制海运提单 133
4.15 如何缮制保险单据 135
4.16 如何缮制产地证 137

4.17 如何缮制其他补充单据 139
4.18 如何进行综合审单 141
4.19 如何办理出口合同的议付结汇 143
4.20 如何办理出口退税 144
4.21 如何进行出口商品的理赔工作 145
4.22 如何申领进口许可证 146
4.23 如何开立信用证 147
4.24 如何修改信用证 149
4.25 如何办理进口货物的托运和投保 150
4.26 如何辨别出口商提交单据的真伪 152
4.27 如何办理进口货物的报关手续 153
4.28 如何办理进口商品检验手续 155
4.29 如何办理进口商品的索赔 156

第5章 国际贸易商务礼仪常见问题

5.1 如何展现积极健康的精神状态 161
5.2 如何解读和利用表情 164
5.3 如何行合适的见面礼 168
5.4 如何进行自我介绍 171
5.5 如何为他人做介绍 174
5.6 如何握手 176
5.7 如何掌握名片礼仪 179
5.8 如何做好商务接待工作 182
5.9 如何完成商务馈赠活动 185
5.10 如何把握商务洽谈的礼仪 188
5.11 如何打电话才算礼貌 191
5.12 如何掌握接听电话礼仪 194

5.13 如何做好商务往来信函工作 197
5.14 如何召开符合礼仪规范的会议 200
5.15 如何让新闻发布会成为公司礼仪形象的“代言人” 203
5.16 如何做好展览会的礼仪工作 206
5.17 如何使赞助会礼仪运用得当 209

第6章 国际贸易商务宴请常见问题

6.1 如何发出或接受邀请 215
6.2 如何招待赴宴客人 218
6.3 如何做行为得当的赴宴者 220
6.4 如何享用中餐 223
6.5 如何正确地享用西餐 226
6.6 如何体面地饮酒 229
6.7 如何在吃工作餐时保持礼仪形象 232
6.8 如何吃好自助餐 235
6.9 如何参加商务舞会 239

第1章

国际贸易谈判工作常见问题

在国际贸易中，买卖双方交易的商品都有具体名称，并表现为一定的品质，每笔交易也都有一定的数量和价格，而且大多数交易中的商品都需要包装。因此，在进出口业务谈判和合同签订过程中，买卖双方必须首先明确商品的品名、品质、数量、价格和包装这些条件，并且应在买卖合同中对以上条件做出明确、具体的规定。

1.1　如何恰当地表示商品的品质

工作场景描述

当对表示商品品质的方法不明确时，可查看。

解读与分析

商品的品质是其外观形态和内在质量的综合。国际贸易中明确商品品质的关键在于正确选用品质的表示方法，具体包括以下几种。

1. 用指标表示

对于可用科学指标来描述的商品，通常可在合同中列明商品的主要品质指标，如成分、纯度、含量、容量、大小、粗细、长短等，并据此进行交易。

2. 用等级表示

对于已有公认的等级划分标准的商品，可在合同中以甲级、乙级，一等、二等，大型、中型、小型等表示交易商品的品质。在采用国外标准时，要标明所采用标准的年份和版本，以免引起争议。

3. 用样品表示

交易一方向对方提交少量能反映商品品质的样品，让对方确认。确认后，出口方将来向进口方提交的货物品质必须与被确认的样品相同。

具体来讲，凭样品买卖有以下三种方法。

（1）凭卖方样品：卖方向买方提交样品，提交时应进行编号，标明寄送日期，并留存“复样”，以供日后核对。

（2）凭买方样品：按照买方寄来的样品进行交易。

（3）凭对等样品：实践中，卖方常根据买方的来样制作一个样品，并提交给买方确认，这个样品就是对等样品或回样。如果买方对此回样予以确认，那么该回样就可作为以后买卖双方交接货物的品质依据。应用这种方法可以有效防止交货品质与样品品质不符的问题发生。

4. 用标准表示

对于有常用标准的商品，可在合同中列明商品的品质应符合的国家标准、专业标准和企业标准等。

5. 用商标表示

对于一些品质稳定、声誉卓著的商品，其商标就足以代表商品的特定品质，因此可凭商标进行买卖。但是要注意，如果同一品牌的商品具有不同的型号和规格，还应列明其型号和规格。

6. 用产地名称表示

有些传统的农副产品和土特产受产地自然条件的影响，在品质方面具有其他产区的产品所不具有的独特风格和特色，故可在国际市场上以产地名称来表示其独特品质，如北京烤鸭、青岛啤酒等。

7. 用说明书和图样表示

一些机器、电器、仪表、大型设备、交通工具等构造复杂、制作工艺繁杂的商品，无法用几项简单的指标来表示其质量全貌。对于这类商品，买卖双方除了要规定其名称、品牌、型号外，还需借助说明书或图样来介绍该商品的构造、原材料、形状、性能、使用方法等。

采用恰当的方式表示商品的品质，避免烦琐和不科学、不规范或容易引发争议的用语，对合同的顺利履行是十分重要的。如果无法确认买方寄来的样品是否有工业产权等问题时，则卖方应在合同中明确规定：由买方来样引起的工业产权等问题，概与卖方无关。

在国际贸易中，对某些品质变化较大且难以规定统一标准的农副产品，往往采用良好平均品质（FAQ）这一术语表示其品质。所谓良好平均品质，是指一定时期内某地出口货物的平均品质水平，一般指“大路货”。国际贸易中在买卖木材和冻鱼虾等水产品时，往往采用上好可销品质（GMQ）这一术语表示其品质。所谓上好可销，就是卖方保证其交付的货物品质良好，适合商销。

关键点提示

进出口合同中表示商品品质的方法有以下几种：

1.用指标表示；2.用等级表示；3.用样品表示；4.用标准表示；5.用商标表示；6.用产地名称表示；7.用说明书和图样表示。

1.2　如何处理外商提出的“中性包装”要求

工作场景描述

当面对国外进口商提出的“中性包装”要求进行操作时，可查看。

解读与分析

“中性包装”是指在商品的内外包装上，既不注明生产国别、地名、厂名，也不注明原有商标和牌号的做法。“中性包装”有两种：一种是无牌中性包装，即商品上既无产地和厂商名称，也无商标或牌号；一种是定牌中性包装，即包装上不注明产地和出口厂商的名称，但注明买方指定的商标或牌号。

定牌中性包装可以利用买主的经营能力及其卓著的商业信誉，提高商品售价，扩大商品销路；而无牌中性包装主要用于一些需进一步加工的半制成品，如制衣厂购买的用于制作服装的布料等。

采用中性包装是国际贸易中的常见做法，这样做可以打破某些国家的进口关税与非关税壁垒，同时也便于转口贸易。当外商（外国进口商）提出定牌中性包装的要求时，应当做好下面两个方面的工作。

（1）必须审查外商提供的商标、牌号的图案、文字有无不妥之处，如与我国当前的法律法规或对外贸易政策相悖，则不能接受。

（2）应该明确向外商提出，如果按照其指定的商标、牌号进行制作后，在国际市场上发生工业产权之类的争议或侵权行为，一切后果由其承担。这一条款最好写入双方签订的进出口合同中，以防万一。

总之，当外商提出定牌中性包装要求时，只要不违反我国相关法律法规，一般都可以接受。

关键点提示

在外商提出定牌中性包装要求时，需要注意：

1.审查外商提供的商标、牌号与我国相关法律法规或对外贸易政策是否相悖；

2.应明确由外商对其提供的商标、牌号所引发的产权争议负责。

1.3 如何利用函电与客户进行交易磋商

工作场景描述

当试图通过信函和电传、电报等书面形式与客户达成某项具体交易时，可查看。

解读与分析

一笔具体的进出口交易，其函电磋商过程一般包括询盘、发盘、还盘和接受四个环节，其中，发盘和接受是达成交易必不可少的两个基本环节和必经的法律步骤。

1. 询盘

这一步骤往往是准备购买或出售商品的企业向潜在客户就某种商品的品质、规格、数量、包装、价格和装运条件等进行探询，在多数情况下是询问成交价格，因此，询盘通常也称为询价。询盘可以是出口方向进口方发出，也可以是进口方向出口方发出。

询盘不具备法律约束力，也不是每一笔交易磋商中都必不可少的步骤，有时可以未经对方询盘而直接向对方发盘。

2. 发盘

这一步骤中，进口商或出口商要就某种商品的数量和价格向一个或一个以上特定的企业或个人发出订立合同的依据文件。

发盘的内容要十分确定，企业要明确表明要出售或要购买的商品的价格和数量，如无法确定，也要规定一个确定价格和数量的方法。至于品名、品质、包装、交货时间、地点以及支付办法等其他一些交易条件，在发盘中可以不提，但内容过于简单的发盘容易引起争议，因此，最好能一一列明。

发盘是订立合同的依据，它对于发盘人来说具有法律约束力，因此必须注明发盘人对其发盘一经接受即受约束的内容。此外，发盘中还必须具体规定一个有效期，作为受盘人表示接受的时间限制，超过这个期限，发盘人就不受约束了。

3. 还盘

这一步骤中，受盘人在接到对方的发盘后，如不同意发盘中的某些交易条件，可就此提出修改意见。还盘可以针对价格，也可以针对其他交易条件提出不同意见。在还盘中没有提到的其他条件，意味着还盘人予以接受。还盘是对发盘的拒绝，同时又是对原发盘人提出的一项新的发盘，因此，还盘同样具有法律约束力。

接到还盘，原发盘人也可提出不同意见，而进行再还盘。一项交易往往需要经过多次相互还盘，最后才达成协议。

关于发盘和还盘有效期的规定问题，除考虑到通信方式外，企业还要考虑商品的种类、交易额和市场情况等因素，如买卖的是市价稳定、交易额不大的小商品，有效期可规定得长些，如5 ~ 7天甚至更长；如买卖的是交易额较大、国际市场价格波动频繁的大商品、原料性商品或初级产品，则可将有效期定得短些，如2 ~ 3天甚至更短。

4. 接受

交易一方在有效期内，以声明或行为表示无条件地同意对方在发盘或还盘中提出的各项交易条件，并愿意按这些条件订立合同，函电磋商过程即告结束。

在经过询盘、发盘、还盘和接受后，一笔交易就基本达成了，但在国际贸易实践中，当事人通常还要签订正式的书面协议，如合同书、确认书等，因此，这些过程中的往来函电也成为日后订立正式进出口合同的依据。

关键点提示

企业通过函电就一笔具体业务进行磋商的步骤如下：

1.就价格或其他交易条件向交易潜在客户进行询盘；2.向一个或一个以上特定的对象提出内容确定的发盘；3.对不能接受的条件向发盘人进行还盘；4.在发盘或还盘的有效期内对其内容表示接受。

1.4 如何处理国际与国内销售谈判的差异

工作场景描述

当需要为国际销售谈判与国内销售谈判的不同之处做好相应准备时，可查看。

解读与分析

国际销售谈判与国内销售谈判相比有很多差异。企业认识到这些差异并进行正确处理，才能在谈判中应对自如，最大限度地为己方争取利益。

1. 谈判人员的国别

（1）差异：国际销售谈判中，谈判双方分属不同国家；而在国内销售谈判中，谈判双方均为同一国之人。

（2）处理办法：在进行国际销售谈判之前，企业要更加认真地进行全面准备，尽量了解对方带有异国色彩的特征。

2. 语言、习俗

（1）差异：在国际销售谈判中，谈判双方语言不同，文化习俗也有较大的差异；而在国内销售谈判中，谈判双方语言相同，文化习俗相同或相似，有许多共同之处。

（2）对策：在进行国际销售谈判之前，企业要做好这方面的准备工作，找出解决双方沟通问题的办法，例如选择共同掌握的一种语言，或者配备翻译人员等。

3. 与交易方式有关的差异

（1）交货方式。国内销售谈判涉及的商品不出国境，而国际销售谈判中的商品交付涉及更复杂的问题，例如货物的运输方式如何选择，保险、通关手续由哪方负责，等等。所以在销售谈判的过程中，双方要根据实际情况选择合适的交货方式，同时明确各方的相关责任和风险转移的时间。

（2）支付方式。支付方在履行国内销售谈判的支付义务时，通常使用本国货币。但在国际销售谈判中，一定要注意支付币种的选择。选择不同的货币支付，可能会给双方带来不同的影响。如果选择外币支付，支付方要相应做好汇率风险的防范工作。

（3）履约程度。相对于国际贸易来说，国内贸易较简单。影响国际销售谈判结果履行的因素较多，例如双方国家或地区的政策变化、支付货币的汇率变化等，都会使交易受到影响，原来约定的价格、交货期限、数量等可能就无法得到保证。轻则无法按照原来约定的程度履约，重则就会出现完全无法履约的情况。加上行政干预或地方保护主义，国际贸易过程中的风险远比国内贸易的风险大。

所以企业在进行国际销售谈判时，一定要充分考虑政治、经济、文化和法律等各方面的影响因素，进行充分的准备，提前做好风险防范工作。国际销售谈判和国内销售谈判是有很大差异的，在实践中企业要注意这些差异，并逐渐积累相应的处理办法。

关键点提示

国际与国内销售谈判的差异主要体现在以下三方面：

1.谈判人员的国别；2.语言、习俗；3.与交易方式有关的差异。

1.5 如何把握外国人的谈判特点

工作场景描述

当需要了解不同国家的商人所具有的不同的谈判特点时，可查看。

解读与分析

国际销售谈判是在来自不同国家或地区的谈判人员之间进行的。由于生活背景、价值观念和民族文化等方面的差别，这些谈判人员形成了各具特点的谈判风格。在进行国际销售谈判时，企业应当了解和掌握不同国家或地区谈判人员的谈判特点。

1. 日本人的谈判特点

日本人受我国的文化传统影响很深，崇尚儒学。他们在谈判时多考虑交易的长远影响，并不过分争论眼前利益，善于开发新的市场；谈判时很注意策略的运用，例如以笑脸讨价还价、吃小亏而占大便宜、放长线钓大鱼，等等。

具体特点和应对方法如下。

（1）日本人谈判时非常注意礼貌，措辞十分客气。在和日本人进行谈判时，谈判人员的语气要尽量平和委婉，拒绝时要十分谨慎，不要过于强势。否则，不仅会被认为没有礼貌，还会被认为没有合作诚意。

（2）日本人谈生意，不大喜欢速战速决。日本人在谈判中的耐心是举世闻名的，他们准备充分，考虑周全；洽谈时有条不紊，决策时谨慎小心。谈判人员在和日本人进行销售谈判时一定要有耐心，做好长久打算，不要急于求成。

2. 美国人的谈判特点

美国人性格外向、坦率，不隐讳对物质利益的追求，富有冒险和竞争精神。他们自信而善于施展策略，如果对手同样自信、足智多谋时，他们会肃然起敬，更易于洽谈的顺利进行。

美国人在心理上常常有优越感，谈判时气势逼人，语言表达直率，爱开玩笑。他们自信且精力充沛，往往能迅速地把谈判引向实质阶段，一个事实接一个事实地讨论，把取得物质利益作为获胜的标志。他们在谈判中客套话说得不多，对谈判对手的直言快语，不仅不反感，反而很欣赏。

谈判人员在与美国人谈判时，不需要太客套，可直截了当地表达观点。美国人很注重效率，所以在谈判中不要过多地拖延，与之讨价还价时要遵守时间、珍惜时间、讲究效率。

3. 英国人的谈判特点

英国人的感情通常不太外露，谈判人员很难从他们的表情中看出他们的想法，所以在谈判的过程中，谈判人员一定要细心地揣测他们的想法，以便采取有针对性的谈判策略。

英国人不太喜欢讨价还价，当双方出现分歧时，往往固执己见。在谈判桌上，英国人说话很直接，所以当他们毫不遮拦地对某事做出坏的评价时，谈判人员不要介意。

英国人很重视事实和数据，所以谈判人员在试图说服他们时，最好用事实说话。

4. 德国人的谈判特点

德国人谈判时，通常会明确、清晰、果断地表达己方的交易期望。与德国人谈判时要做好“打硬仗”的准备。

德国人注重形式，对有头衔的人，谈判人员一定要称呼他的头衔，且见面或离开时一定要与他握手。

在谈判过程中，他们通常会强调自己方案的可行性，不太愿意向对方做出较大的让步，特别是在谈判的讨价还价阶段，往往因其固执己见、缺乏灵活性，而令对方感到头痛和棘手。在谈判时，德国人不喜欢漫无边际地闲聊，价格确定后根本不给对方讨价还价的机会。在拟订谈判合同条款时，他们一般都非常细心，认真推敲所有细节后才同意签约。

5. 法国人的谈判特点

法国人的民族自豪感很强，大多数人性格开朗，通常在谈判中表现出或固执己见，或无所谓的态度。

在谈判开始时，法国人喜欢说一些与谈判无关的趣事。在讨价还价阶段，他们对细节不很重视，但对价格要求严格，条件也比较苛刻。他们在谈判中明显偏爱横向式谈判，先形成一个协议轮廓，再达成原则协议。法国人常常急于取得成果，在磋商时，往往集中精力商讨主要条款，一般就主要条款达成一致意见以后，法国人便会要求签订合同。但是，即使签完合同，有些法国人也常常要求修改合同，这一点往往使谈判的另一方感到头痛。

法国人很注重商品的美感，对商品的包装极为在意。法国人讲究在谈判中保持和谐、幽默的气氛，但他们不喜欢过多涉及个人和家庭问题。因此，谈判人员在与他们谈判时应尽量避免此类话题。

总之，不同的背景形成了不同国家或地区商人的谈判风格，销售谈判人员需要在掌握总体特点的基础上，在实践中灵活应对。

关键点提示

想要通过把握不同国家或地区谈判人员的谈判特征，以利于谈判工作时，谈判人员应做到：

1.了解谈判对手所在国家或地区的谈判特点；2.根据对方的谈判特点，运用相应的策略。

1.6 如何选定国际销售谈判人员

工作场景描述

当需要组建国际销售谈判团队时，可查看。

解读与分析

在选择参加国际销售谈判的人员组建谈判队伍时，企业一定要综合考虑谈判人员各个方面的素质。谈判队伍应根据谈判的内容而定，一般由商务、技术、法律和金融方面的人员组成。选择国际销售谈判人员时，企业需要对其政治素质、业务能力和心理素质等方面进行衡量。

1. 政治素质

谈判人员只有热爱祖国、热爱集体，自觉贯彻执行党和国家的方针政策，遵守国家的法律法规，大公无私，清正廉洁，才能在谈判中积极主动地为国家、为企业争取更大的利益，并在谈判中增进民间友好关系。

2. 业务能力

国际销售谈判人员的业务能力，是指谈判人员在国际销售谈判过程中竞争取胜的能力，主要包括如下几个方面。

（1）知识水平。国际销售谈判比国内销售谈判复杂得多。国际销售谈判人员应比较全面地掌握相关知识，如政治、商业、法律、金融、技术等方面的知识。其中国际销售谈判人员对政治方面要格外敏感，要熟悉对方国家或地区相关的政策、法律法规，同时，要有国际贸易方面的基础知识，了解国际惯例。

（2）外语能力。国际销售谈判人员应该熟练掌握英语或其他语言，运用语言和非语言形式传达有关信息的能力一定要非常强，表达时要富有吸引力和说服力。

（3）判断分析能力。谈判人员要善于对谈判对手和谈判形势进行观察、推理分析，有发现和判断其特点和趋势的能力。

（4）应变能力。国际销售谈判的外部因素经常处于变化之中，时常会有预料之外的事情发生。这就要求谈判人员一方面要审时度势，及时改变谈判策略或目标；另一方面，要运用各种手段和方法，把握和控制住谈判局面的变化，善于捕捉转瞬即逝的机会，使谈判按照预定的轨道进行。

（5）协调能力。国际销售谈判人员要有易与他人相处、善于处理人际关系的能力，并且要有能够协调其他谈判人员统一行动的能力。国际销售谈判对协作性的要求较高，所以销售谈判队伍需要有很强的凝聚力，谈判人员之间要有融洽的关系。

3. 心理素质

参加国际销售谈判的谈判人员应具有良好的心理素质，这是在复杂的国际销售谈判中取胜的精神保障。优秀的谈判人员应该做到临危不惧，遇险不惊，胜不骄、败不馁。

同时，还应具有以下品质。

（1）责任心。认真负责、一丝不苟是对国际销售谈判人员最基本要求。谈判人员只有具备很强的责任心，才会在谈判中始终坚持自己的立场，充分发挥自己的智慧和能力，使谈判取得成功。

（2）自制力。在国际销售谈判中需要谈判人员有控制自己、迅速稳定情绪的能力。

（3）意志力。国际销售谈判需要谈判人员有坚强的意志品质，有勇气和魄力，应处事果断，敢担风险。

关键点提示

在选择国际销售谈判人员时，企业要注意如下三个方面：

1.政治素质；2.业务能力；3.心理素质。

1.7　如何处理主场国际销售谈判

工作场景描述

当在国内同外商进行销售谈判时，可查看。

解读与分析

企业在国内同外商进行谈判时，中国就是主场。“天时不如地利”，东道主要巧妙地运用“地利”之便，充分发挥空间环境的作用，使谈判取得成功。

1. 有效利用东道主的“地利”

谈判者在熟悉的环境中要比在其他环境中进行谈判更能应付自如，从而在心理上形成一种安全感和优越感。由东道主身份所带来的空间环境主动权，会使东道主在处理各种谈判事务时更加主动，同时在通信等方面也会占据优势。

东道主可以通过精心选择，巧妙安排谈判地点和环境，创造出一种有利于达成协议和取得谈判成功的气氛。同时也要充分发挥空间环境的作用，为谈判的顺利进行创造积极的条件。比如，东道主应努力寻找交通便利、通信设施良好、拥有良好生活条件的谈判地点，其生活条件包括伙食、住宿和安全保卫等方面。只有具备这些良好条件的谈判地点和环境，才能保证谈判的有效进行。

2. 作为东道主招待对方

中国素有“礼仪之邦”的美称，外商来我国进行业务谈判，企业作为东道主不能只考虑谈判本身，还应考虑许多需要注意的事项、策略和技巧性的内容。

（1）迎接。迎接来宾看似简单，但企业想要做到恰到好处还是很困难的，其关键原则是“热情周到，切忌夸张”。

（2）招待。招待来宾时最重要的是有特色并迎合对方的习惯，否则不管企业花费多少金钱、办得如何热闹，假如不能使客人满意，那就什么用处都没有。尤其是在招待一个风俗习惯与我方有很大不同的谈判对手时，应切忌自以为是。

3. 礼物的赠送

作为东道主，向来访的客人赠送礼物可以表示己方的友好态度，增进双方的友谊，有利于以后的长期合作。

礼物的选择很重要，企业要先根据对方的身份和双方的交易情况确定礼物花销上的预算，再去买符合该项预算的礼物。同时要注意送的礼物不要太贵重，否则有可能使对方不敢收，因为这样会有受贿的嫌疑。最好的方法是选择价位适中且具有中国特色的产品，要富有代表意义和纪念意义。

企业在国内同外商进行谈判时，可以利用对方对于环境和生活习惯不适应的特点，加快谈判速度，以早日达成协议。

关键点提示

企业在进行主场销售谈判时应注意以下三点：

1.利用主场谈判的“地利”达到“人和”；2.做好迎接和招待工作；3.赠送合适的礼物加深双方的友谊。

1.8 如何处理客场国际销售谈判

工作场景描述

当需要到国外同客户进行销售谈判时，可查看。

解读与分析

企业在进行涉外销售谈判时，经常需要到对方所在国家或地区进行具体的洽谈工作，进行客场销售谈判。在这种情况下，企业需要做好如下几个方面的工作。

1. 出国前的准备工作

（1）服装。出国时准备服装，要考虑到气候的变化和所到的场合。一般情况下，相关人员要带上深色正装、旅行装、运动衫和其他替换衣物，再穿一双黑色的鞋子，就可以充分应对各种场面了。

谈判人员到了目的地之后，要记住“入乡随俗”的原则，注意当地人在各种场合下的穿着，要与之相符，不要太显眼。尤其是在谈判之外的接触中，要有不同的穿着，最好穿便装，这样易于营造一种轻松的气氛。

（2）名片。名片是商务活动中不可缺少的，也是个人的身份象征。许多国家或地区的人习惯在初次见面时交换名片。出于礼貌，相关人员应先拿出名片，表明服务单位、职位和姓名等，方便对方认识。如果出现想拿名片给被访者却找不到或忘了带的情况，就有些失礼。

（3）住地的选择。到国外去谈判，很重要的一个问题就是住地的选择。一些人会把选择酒店这件事看得很简单，然而稍一疏忽，就会给自己带来很多麻烦。让别人代理预订酒店时一定要及时确认，并弄清楚最迟入住时间，最好在出发前进行核实，以免出现差错。

2. 在异国的行事方式

谈判人员到住地后，应马上与对方进行联络，约定见面的具体日期。注意，谈判人员在和对方的秘书联络时，千万不要轻视秘书的作用，如果有小问题，也可以问秘书，如路线、路上所需时间等。

约好相关事宜之后，谈判人员一定要在约定时间的五分钟前到达对方地点。时间观念较差的人对此要加倍注意。对方很可能依据守时与否来判定一个人的守信程度。无论如何，谈判人员应坚决避免比约定的时间晚到，并找理由解释的情形。

电话和网络作为现代社会通信的一种便捷工具，其地位在商务活动中不可忽视。有时许多不好面对面说的话，谈判人员可以通过电话和网络说。

相关人员需要注意的其他方面如下。

①不要大声谈笑。在餐厅、电梯、车站、机场等公共场所，谈笑声音过大，会破坏周围的气氛，谈判人员要与周围环境保持协调。

②不要并肩排成一排走路。在狭窄的人行道上排成一排慢慢地走路，会被人认为不懂礼貌或者修养较差。

③一定要遵守赴约的时间。无论是到公司还是到家里，谈判人员要想访问对方，应该事先约好再去，突然的拜访是极不礼貌的。约好之后，谈判人员一定要准时赴约，若是可能迟到，一定要用电话事先告知。

④注重衣着。谈判人员在进行访问时，一定要穿着整洁。无须盛装，但一定要让人看起来很舒服，这可以给对方留下一个好印象。

⑤寒暄、答谢要适可而止。在告辞时，到门口寒暄一下就应马上离开，不要拖拖拉拉，讲个没完。答谢也同理

⑥在人多的场所，讲话时不要用手乱指。在公共场所，和说话的对象之间可能会有其他人存在。譬如对身边某个建筑物进行说明时，不要随便乱指，以免旁边的人认为是在谈论他的事，造成误解。

⑦开门和关门时都要注意后面的情况。

总之，谈判人员在国外进行销售谈判时，除了谈判桌上的技巧和策略外，还要注意在异国的行为举止，给自己塑造良好的形象，这样也有利于双方的合作。

关键点提示

企业进行客场谈判时应注意：

1.出国前的准备工作；2.在异国的行事方式。

1.9 如何进行进出口业务谈判

工作场景描述

当着手进行进出口业务的谈判时，可查看。

解读与分析

进出口业务谈判中往往充满各种冲突和矛盾，这就要求参与谈判的人员针对对方的具体情况，施展各种策略，最终达成双方都能接受的合理协议。因此在谈判中，谈判人员既不能因疏忽大意而导致磋商失败，又不可急于求成，给交易埋下隐患。具有较高的整体素质并善于应变、谋求一致的谈判班子，是确保交易成功的关键。

企业在进行谈判之前，应从以下几方面着手。

1. 选配谈判人员

企业可选用以下几类人员参加谈判。

（1）熟悉我国对外经贸方针政策的外贸专业人员。

（2）熟练掌握各种商务知识的技术人员。

（3）熟悉有关涉外法律法规和有关规则，并了解相关国际法律和惯例的法律人员。

（4）熟练掌握外语，并能用外语直接进行洽谈的翻译人员。

（5）对整个谈判意图理解透彻，能够运筹帷幄的谈判组长。

（6）向谈判人员提供急需的数据、文稿等资料的资料员、计算员、秘书等。

2. 制订谈判方案

谈判前企业要对谈判内容做好充分准备，制订谈判方案。制订方案的主要步骤如下。

（1）制订谈判目标。解决与对方谈什么的问题。

（2）制订谈判策略。解决与对方怎么谈的问题。企业要根据外商的具体情况，包括习俗、心理特点等，来决定采取一次性谈判的方式还是循环谈判的方式，是选择纵向谈判还是选择横向谈判。

纵向谈判即对交易的各个条件一个一个地磋商解决；横向谈判则是对所有的问题都先磋商一遍以后，再一轮一轮谈，每轮谈判均讨论多个问题。

（3）制订谈判进度和日程安排。任何谈判都有阶段性，大致可分为摸底阶段、报价阶段、磋商阶段和成交阶段。企业对每一阶段的日程都要事先做好安排，例如该阶段将持续一天还是两天，每次谈一小时还是两小时。

（4）制订谈判权限。企业要明确谈判小组的权力和责任，如发生特殊情况时，谈判组长有无全权处理的权力。

（5）做好谈判的物质准备。企业要对食宿和谈判场所的陈设等进行妥善安排。

3. 制订谈判原则

企业在进出口谈判中应该把握以下原则。

（1）注重利益，而非立场。多关注双方共同的、可以兼容的利益，尽量用对自己不重要的条件去换取对方无所谓、但对自己却很关键的一些条件。

（2）求同存异，实现双赢。成功的谈判应该使得双方都有赢的感觉，只有双方都是谈判的赢家，才能使合作继续下去，双方才能在合作中取得各自的利益。

（3）使用客观标准，破解利益冲突。谈判过程中免不了遇到棘手的利益冲突问题，在这种情况下，使用客观标准来衡量并划分彼此的利益范围，就能起到非常重要的作用。

4. 熟悉谈判技巧

常见的谈判技巧有以下几种。

（1）扎稻草人战术。即提出某种竞争性条件想迫使对方就范，例如：“××公司给我们多少优惠，你们条件太苛刻……”对此，谈判人员不可轻信，而是要根据实际情况来进行判断。

（2）双行道战术。当对方提出某一苛刻条件时，企业不妨向对方提出另一苛刻条件要求对方考虑，这样会比较容易迫使对方收回或放弃原先提出的条件。

（3）切香肠战术。在某些条件上谈判人员的确可以让步，但决不能一让到底，而应该每次只让一步，并且让步要越来越小。

（4）扮红白脸。指定专人充当遇事作梗的角色，另外指定专人牵线搭桥，这样一软一硬，相互配合，常可以打破僵局，达到谈判人员的预期目的。

（5）一揽子交易。在谈判中谈判人员可提出一揽子交易条件，其中，各种条件好坏搭配，并明示对方，对此只能全部接受或全部拒绝，不能只接受一部分条件，而拒绝剩下的条件。在横向谈判中，这是常用的一种技巧。

（6）拖着对方走。在谈判中谈判人员不要轻易同意对方的要求，也不要轻易放弃我方的要求。每轮会谈结束前，谈判人员可提出一两个问题请对方考虑，以便在下一轮进行磋商，这样就可以使对方按照我们的思路走。

（7）超出权限。谈判人员可以告诉对方，我方所做出的让步已经超出权限，若再让步，回去对上司不好交代，以此暗示对方如不及早签订合同，将会错失良机。

（8）利用翻译。即使谈判人员熟悉对方语言，也应有翻译人员参与会谈，这样谈判人员可以利用翻译的时间思考对策。同时，也要了解对方是否熟悉我方语言而故意装作不懂，在这种情况下，我方人员在互相交换意见时，就要小心了。

总之，在进出口业务谈判中，双方只有本着真诚合作的态度才能达到互利的目的。谈判是一门艺术，企业要制订好谈判的原则和方案，并学会运用各种技巧，只有这样，才能做到知己知彼，百战不殆。

关键点提示

企业进行进出口业务谈判之前，通常要从以下几个方面着手：

1.选配谈判人员；2.制订谈判方案；3.制订谈判原则；4.熟悉谈判技巧。

第2章

国际贸易合同管理常见问题

在国际贸易中，交易磋商是进出口合同订立的基础。磋商通常先由进出口商的一方向潜在的客户发函建立业务关系开始，之后通过询盘、发盘、还盘和接受四个环节，最终达成交易。协议达成后，双方当事人以符合法律规定的形式，将合法的、双方均真实接受的交易内容固定下来，形成一项有效的进出口合同。合同受国际贸易相关法律的保护，双方当事人均应遵守。

2.1　如何正确订立商品的品质条款

工作场景描述

当对合同中品质条款的内容与表示方法模糊不清时，可查看。

解读与分析

品质条款是进出口合同的一项主要条款，其内容是商检部门进行检验以及仲裁机构或法院解决纠纷时的依据。要想制订好品质条款，企业要从以下几个方面着手。

1. 选用合适的品名

有些商品具有不同的名称，致使所需交付的关税和运费不一，有时所受的进出口限制也不同。因此，企业在确定合同品名时，应选用适当的名称。

2. 列明基本指标

对于不同种类的商品，其品质条款的内容会有差异，但其基本指标不能忽略，例如品名、货号、规格、等级、标准、牌号等。如果使用样品买卖，应列明样品编号、寄送日期。

3. 正确运用各种表示品质的方法

品质表示应遵循行业习惯，切忌随意改变。此外，凡能用一种方法表示品质的，就不宜用两种或两种以上的方法来表示，以免造成混乱，给履约带来困难。

4. 注意各质量指标之间的内在联系

各质量指标从不同角度说明了商品品质，它们之间有着内在联系。在确定品质条件时，要注意它们之间的一致性，以免因某一指标的规定不科学而影响其他质量指标。

5. 文字表达上要明确具体

品质条款的用词应力求明确，不宜采用“大约”“左右”“合理误差”之类含糊的字眼，也不宜把品质条款订得过死，否则会给履约带来困难。一般来说，对一些矿产品、农副产品和轻工业品品质的规定，要有一定的灵活性。

6. 凭样品买卖时，可采用一些变通规定

为避免交易双方在交货品质上产生争议，可在品质条款里加上“交货品质与样品大体相同（Quality to be considered and being about equal to the sample）”之类的条文。

7. 对某些工业制成品可订明品质公差

一些工业制成品的质量出现一定误差是难以避免的，如手表每天出现若干秒误差，应视为正常。这种误差是国际上公认的，只要交货品质在公差范围内，即使合同没有规定，也不能视为违约。

尽管品质公差是国际上公认的，但最好还是定明一定幅度的品质公差值，例如，尺码允许有“2%~4%的合理公差”。如果笼统地说“允许合理公差”而不做具体规定，就容易引起争议。

8. 对某些初级产品可订明品质机动幅度

一些农副产品质量不甚稳定，可对其品质定明一定的范围或极限。卖方的交货质量如在规定的幅度之内就算合格，一般在价格上不另行计算增减。当然，双方也可商定按比例计算增减，即制订品质增减价条款。充分、明确地表示出货物的品质，是买卖双方顺利履约的重要前提条件。

为了体现按质论价，使用品质机动幅度时，双方可根据交货品质情况调整价格，即制订所谓品质增减价条款，该条款一般有以下两种订法。

（1）对机动幅度内的品质差异，规定按交货品质予以增价或减价。

（2）对品质低于标准的商品予以减价，而对品质高于标准的商品不予以增价。

关键点提示

要想制订好品质条款，企业要注意以下问题：

1.选用合适的品名；2.列明基本指标；3.正确运用各种表示品质的方法；4.注意各质量指标之间的内在联系；5.文字表达上要明确具体；6.凭样品买卖时，可采用一些变通规定；7.对某些工业制成品可订明品质公差；8.对某些初级产品可订明品质机动幅度。

2.2　如何正确订立商品的数量条款

工作场景描述

当对合同中数量条款的内容与表示方法模糊不清时，可查看。

解读与分析

数量条款是进出口合同的一项主要条款，是买卖双方交接货物以及处理数量争议的依据。要想制订好数量条款，企业应从以下几个方面着手。

1. 列明具体交易数量和计量方法

合同中应写明成交数量，如若干包、桶、盒等，有的合同还应进一步明确每包、桶、盒内的净重，或每包、桶、盒内所装瓶、件、套等的数量。同时，合同中应明确采用的计量单位及计算方法，以避免各国度量衡不一而带来的争议。

毛重指商品本身重量加包装的重量，净重指除去商品包装物后的实际重量。

对于以重量计的大宗商品，一般还要明确是按照毛重还是净重来计量。按国际惯例，如未加明确，则按净重计。另外，如按净重计，若商品有运输包装，条款中还应进一步明确计算包装重量的方法，以防事后引起争议。

2. 对某些商品要明确是按运出重量还是运入重量来计量

樟脑、原油等商品在运输途中会挥发，石灰则会吸收水分，从而导致这类商品发运时与收货时的重量不同。对此，双方应在合同中明确是按运出重量还是运入重量计量。我国一般对出口商品按运出重量签约，不过这种方法对买方很不利。双方也可采用折中方法，如在合同中约定损耗限度为运出重量的4%，如超过此限，超出部分由卖方承担。

多装或少装部分如何计价？若合同无溢短装条款，那么实际装运数量可否有增减？多装或少装部分一般按合同价格结算，但市价发生较大变化时，多装或少装会导致合同一方得利而另一方受损，因此，也可在合同中规定：多装或少装部分不按合同价格计算，而按装船时或货到时的市价计算。

若合同无溢短装条款，那么实际装运时原则上不得多装或少装，但《跟单信用证统一惯例》中规定：除非信用证明确规定货物的指定数量不得有增减外，在所支付款项不超过信用证金额的条件下，货物数量准许有5%的增减幅度。但是，当信用证规定数量是以包装为单位或以个数计数时，此项增减幅度不适用。

3. 数量条款应当明确具体

在进出口合同中，一般不宜采用大约、近似、左右等含糊的字眼来说明成交数量。尽管根据《跟单信用证统一惯例》所说，这个约数可解释为交货数量有不超过10%的增减幅度，但为防止争议，最好对增减幅度加以明确。

4. 规定交货的数量机动幅度

溢短装条款是指卖方交货时，可在合同规定的数量基础上多交或少交一定百分比的数量，它一般是在数量条款中加列的。大宗商品，如粮食、食糖、矿砂等，由于受运输条件、包装条件的限制，装运时不易精确计量，往往会多装或少装，因此，最好加列一个溢短装条款，规定一个双方都可接受的机动幅度。溢短装条款一般由卖方确定，但在买方派船装运的情况下，也可由买方确定。

数量条款是进出口合同的主要条款之一，往往是买卖双方发生争议和索赔的重要原因之一，因此，明确、科学地订立合同的数量条款对于顺利履约十分重要。

关键点提示

要想订好数量条款，企业要注意以下问题：

1.列明具体交易数量和计量方法；2.对某些商品要明确是按运出重量还是运入重量来计量；3.数量条款应当明确具体；4.规定交货的数量机动幅度。

2.3　如何正确订立商品的包装条款

工作场景描述

当不清楚合同中包装条款该如何订立时，可查看。

解读与分析

包装条款一般包括包装材料、包装规格、包装方式、包装标志以及包装费用的负担等。商品的特性、形状和使用的运输方式不同，对包装的要求也不尽相同。订立包装条款时应注意以下几点。

1. 对包装的规定应明确具体

约定包装时，不宜用含义笼统的术语，例如海运包装、习惯包装等，因为此类术语并无统一的解释，容易引起争议。另外，包装条款内还需要订明每件包装的重量或数量。例如，“麻袋装，每袋净重50千克”。

2. 由买方提供运输标志时的做法

按照国际惯例，运输标志一般由卖方设计确定，并无必要在合同中做出具体规定；但如果买方提出自行提供运输标志，卖方也可以接受，这时应在合同中订明须在装运期前若干天提供，以防止买方借此延误船期，否则，卖方有权自行决定。

3. 明确包装费用由哪方负担

包装费用一般都包括在货价内，不另行计价。但有时进口商提出特殊包装的要求，这时出口商可以另计包装费用，由进口商承担。另外，如果进口商提出的特殊包装要求无法及时满足，则不宜轻易接受。

有时候，出口商供应包装，但交货后将包装收回。这笔将原包装返回出口商的运费由哪方负担，也应有具体规定。还有的合同规定由进口商提供包装，这时，应就其提供包装的时间，以及未能及时提供而影响合同履行时双方的责任做出明确规定。

进出口双方在合同中应对包装材料、运输标志及包装费用等进行必要的说明，这是双方顺利履约的前提条件。

关键点提示

企业在订立包装条款时应注意以下几点：

1.对包装的规定应明确具体；2.明确包装费用由何方负担；3.由买方确定运输标志时应在合同中做出具体规定。

2.4 如何正确订立商品的价格条款

工作场景描述

当不清楚合同中价格条款该如何订立时，可查看。

解读与分析

合同中的价格条款，包括商品的单价条款和总值两项基本内容，在单价条款里还常常有佣金和折扣的运用。需要特别注意的是合同的单价和总价的金额要吻合且币种一致。

在规定商品的价格条款时，应把握以下几点。

（1）单价有四个组成部分，即计量单位、单位价格金额、计价货币、贸易术语，这四部分要写全，并且顺序不能随意颠倒。

（2）选用恰当的贸易术语及其变体。

（3）保值条款是指在出口合同金额较大，付款期限较长，而买方坚持以软币（疲软的货币）支付的情况下，在同一合同中，将某种硬币（坚挺的货币）作为计价货币而制订的条款。支付货款时，按照计价货币与支付货币的现行汇率进行折合支付，就可以保证卖方的收入与签约时一致。

（4）选用有利的计价货币，尽量规避汇率变动带来的风险，如无法采用，应当加列保值条款。一般来说，对于出口交易，采用硬币计价较为有利，而进口合同采用软币计价比较划算。

出口商品经济效益核算指标主要有三种：

①出口商品盈亏率的核算：

$$出口商品盈亏率=\frac{出口销售人民币净收入-出口总成本}{出口总成本}\times 100\%$$

式中，出口总成本=出口商品的进货价+出口前的一切费用。

出口销售人民币净收入=FOB价×外汇牌价。

出口销售人民币净收入如大于出口总成本，则企业盈利，否则为亏损。

②出口商品换汇成本：

$$出口商品换汇成本=\frac{出口总成本（人民币）}{出口销售外汇净收入（外币）}$$

出口商品换汇成本如高于银行的外汇牌价，则出口为亏损，反之则说明出口有盈利。

③出口创汇率：

$$出口创汇率=\frac{成品出口外汇净收入-原料外汇成本}{原料外汇成本}\times 100\%$$

其中，原料为国产的，其外汇成本可按原料的FOB出口价计算；原料是进口的，则按该原料的CIF价计算。出口创汇率越高，成品出口创汇越高，反之则越低。

（5）如果交货品质和数量有一定的机动幅度或使用约量，那么总金额也应允许有增减。

（6）如果包装材料和包装费用另行计算，对其计价办法也应做出规定。

（7）如果运用佣金和折扣，对其支付办法也应在合同中注明。如不方便写在合同中，也可另行制订一份书面协议。

（8）注意成本核算以提高经济效益，防止出现不计成本、不计盈亏和单纯追求创汇量的倾向。

价格条款是买卖合同中的核心条款。在实际业务中，合理采用各种作价方法，选用有利的计价货币，适当运用佣金和折扣，并正确、清楚地载入合同，是合同顺利履行的首要条件。

关键点提示

企业在制订商品的价格条款时，应注意：

1.单价的四个组成部分写齐全，且顺序不能随意颠倒；2.选用恰当的贸易术语及其变形；3.合理利用保值条款，以避免卖方收益受损；4.选用有利的计价货币，规避汇率变动带来的风险；5.如品质或数量有机动幅度或使用约量，则总金额也应有增减或注明约数；6.对另行计算的包装费用的计价办法做出规定；7.对佣金和折扣做出规定；8.注意成本核算。

2.5 如何正确订立商品的装运条款

工作场景描述

当对合同中商品装运条款的内容与表示方法模糊不清时，可查看。

解读与分析

在进出口合同的装运条款中，买卖双方应对装运时间、装运地、目的地、分批装运和装运通知等内容作出具体明确的规定。企业在订立装运条款时应当做到以下几点。

（1）在对货船安排没有把握的情况下，一般应争取跨月交货，切忌当月成交。

（2）对于危险品、有毒物品和体积庞大的货物，应在合同中注明“允许将货物装在甲板上”和“可以接受甲板提单”。

（3）对于租船运输的货物，应在合同中就装卸期限、如何计算装卸时间等内容做出规定，并注意与租船合同中的有关条款保持一致。

（4）一般不能接受买方指定轮船公司、具体航线及船名、具体装卸码头和仓库的条件。

（5）不能接受限期到达目的港（地）的条件。

（6）订立“装运通知”条款，并明确“装运通知”的期限。

买卖双方在合同中就装运时间、装运地、目的地、分批装运和装运通知等内容做出具体明确的规定，可以避免将来实际履约过程中的许多争议，对合同双方都有好处。

“装运通知”的订立有以下两种情况。

①以FOB条件成交时，买方负责派船接货，因此，应在合同中规定：卖方在装船前若干天内将有关合同号、商品名、数量及备装日期等电告买方，以便买方派船接货；相对应地，买方也应在所派船只到达装运港（地）前若干天，将合同号、船名、预计到港时间以及船运公司的名称等电告卖方，以便卖方及时备货和装运。

②以CIF或CFR条件成交时，应在合同中规定：卖方在货物装船后若干天内将合同号、商品名、数量、发票金额、船名、装船日期等电告买方。在CFR条件下，装运通知尤为重要，因为此时卖方安排运输和装货，而买方负责办理保险，所以如果装运通知未发出或未及时发出，就会使买方漏保或迟延保险。

关键点提示

企业在出口合同中订立装运条款时，应注意以下几点：

1.当对货船安排无把握时争取跨月成交；2.对危险品、有毒物品和体积庞大的货物应注明允许装在甲板上；3.对租船运输的货物规定装卸期限、计算装卸时间的办法等；4.一般不能接受买方指定具体航线船名和码头等条件；5.不能接受限期到达目的港（地）的条件；6.订立“装船通知”条款，明确“装运通知”的期限。

2.6 如何正确订立商品的运输保险条款

工作场景描述

当对合同中运输保险条款的内容与表述方法模糊不清时，可查看。

解读与分析

在进出口合同中，为了明确买卖双方在货运保险方面的责任，需要订立保险条款。在卖方办理货运保险的情况下，保险单上的日期不能晚于提单日期，否则货物从启运到签订保险单的这段时间就没有被保险。

保险条款中应包括以下内容。

1. 明确由哪一方负责投保

如果按FOB和CFR条件成交，在合同中一般只需订明“保险由买方自理”；如果按DES和DEQ条件成交，合同中一般也只需订明“保险由卖方自理”；但是，如果按CIF和CIP条件成交，由于货价中包含保险费，因此需要在合同中就卖方的投保险别、所支付的保险费和应向买方提供的有效保险凭证等情况进行详细约定。

2. 明确保险条款、保险公司

在按CIF或CIP条件成交时，保险公司的信用对于买方非常重要，但对于负责投保的卖方却无关紧要。因此，企业应在合同中明确是按中国人民保险集团股份有限公司的《中国保险条款（CIC）》还是按英国伦敦保险协会的《协会货物保险条款（ICC）》投保，以及向哪家公司投保。

3. 明确投保险别

合同中应明确投保的是平安险、水渍险还是一切险，如需另加某种附加险，也应写明。一般来说，在买卖双方未约定险别的情况下，按惯例，卖方可按最低险别（如CIC的平安险）对货物进行投保。

在国际保险市场上，英国伦敦保险协会所制定的《协会货物条款》对世界各国或地区有广泛的影响，它规定了A险、B险、C险、战争险、罢工险和恶意损害险等六种险别。其中，A险相当于中国人民保险集团股份有限公司中的一切险，其责任最广，并采用承保“除外责任”之外的一切风险的概括式规定方法；B险和C险则采用列明风险的办法把承保风险一一列举出来；B险大体相当于水渍险；C险承保的责任范围最小。六种险别中，只有恶意损害险属于附加险别。因此，除A险、B险和C险可单独投保外，必要时，战争险和罢工险可征得保险公司同意作为独立险别进行投保。

4. 明确保险金额

在按CIF和CIP条件成交时，买卖双方应将保险金额写入合同中。根据保险市场的习惯做法，投保加成率一般为10%，即保险金额为CIF和CIP价格的110%。如果加成率超过10%，由此而产生的超额保险费应由买方负担。

5. 明确所提交的保险凭证

在进出口合同中，如果约定由卖方投保，一般还要规定卖方应向买方提供保险凭证。如果被保险的货物在运输途中发生承保范围内的损失，买方即可凭此保险单据向保险公司办理索赔。在进出口合同中明确双方的保险责任，是保证合同顺利履行的前提条件，也是防范意外事故和意外损失的必要步骤。

关键点提示

保险条款需要包括以下内容：

1.明确由哪一方负责投保；2.明确保险条款、保险公司；3.明确投保险别；4.明确保险金额；5.明确所提交的保险凭证。

2.7 如何制订运输条款

工作场景描述

当希望了解如何制订一份合格的运输条款时，可查看。

解读与分析

国际贸易合同中的运输条款一般包括：装运时间、装运港（地）、目的港（地）、分批装运和转船、装运通知、装卸率、滞期速遣条款等。下面介绍国际贸易合同各项内容的制订方法。

1. 装运时间条款

装运时间的制订方法如下。

（1）明确规定具体的装运时间，即在合同中订明某年某月装运或某年跨月装运或某年某季度装运。

（2）规定在收到信用证后若干天或若干月装运。这种规定方法主要适应以下情况。

①如买方要求花色、品种和规格，或要求为专一地区或某商品号生产商品，或一旦买方拒绝履约商品难以转售，为防止经济上的损失，卖方可采用这种方式。

②在一些外汇管制很严或实行进出口许可证和进出口配额制的国家或地区，为促成交易，也可采用这种方法。

③针对某些信用差的用户，企业可采用这种方式。

但是，企业采用此种装运期规定时，必须同时规定有关信用证的开立期限或开出日期等。

（3）收到信汇、电汇或票汇后若干天装运。

（4）笼统规定近期装运。这种规定方式不规定具体期限，只是用“立即装运”“近期装运”等用语。企业在制订装运时间时还应注意以下内容。

①船货衔接。就是一方面要考虑船位、船期、航线等运输能力问题，另一方面还要考虑货源问题，以免造成有货无船或有船无货的情况。

②对装运期限要明确，立即装运、近期装运等用语要慎重使用。

2. 装运港（地）和目的港（地）条款

（1）企业规定国外装运港（地）和目的港（地）应注意的问题如下。

①对国外的目的港（地）和装运港（地）的规定应明确具体。如果买方需要在几个港口中任选一个港口，那么，所选择的目的港（地）必须在同一个航区。

②不能接受内陆城市作为装运港（地）或目的港（地）。

③必须注意装卸港（地）的具体条件。

④注意国外港有无重名问题。

（2）企业规定国内装运港（地）和目的港（地）应注意的问题如下。

①采取就近原则。装运港（地）尽量就近选择在货源地，卸货港口尽量就近选择在买方所在港口或附近港口。

②考虑港口设施。

3. 分批装运和转船条款

分批装运指一笔成交货物分若干批装运。按照《跟单信用统一惯例》的规定，不明确规定不准分批装运货物，则视为允许分批装运；运输单据表明货物是使用同一运输工具并经同一路线运输的，即使运输单据注明装运日期或装运地不同，只要目的地相同也不算分批装运；如信用证规定在指定的时间内分批装运货物，若其中任一批未按约定的时间装运，则该批和以后各批均失效。

所谓转船，是指货物没有直达船或一时无合适的船舶运输，需通过中途港转运。买卖双方可以在合同中商订“允许转船”的条款。根据《跟单信用证统一惯例》规定，如果信用证没有相反的规定，则可准许转船。

4. 装运通知条款

装运通知是在采用租船运输方式运送大宗进出口货物的情况下，在合同中加以约定的条款。规定这个条款的目的在于明确买卖双方的责任，促使买卖双方互相配合，共同做好船货的衔接工作。

5. 装卸时间、装卸率、滞期速遣条款

（1）装卸时间一般以天或小时为单位。其他的规定方法有：按连续日（24小时为一连续日）、按工作日、按好天气日等。

（2）装卸率一般按港口习惯的正常装卸速度来定，企业应尽量选取适当装卸率。

（3）滞期费和速遣费。在租船运输条款中，有可能涉及滞期费和速遣费的计算。计算速遣费时有两种方法：一是用到截止日为止的许可时间减去实际完成的装卸时间，即为节省的全部时间；二是用节省的全部时间减去其中的星期日、假日等非工作日，剩下的时间称为节省的工作时间。

所有国际贸易合同的都要包括以上运输条款，缺一不可。

关键点提示

运输条款的内容包括以下几个方面：

1.装运时间条款；2.装运港（地）和目的港（地）条款；3.分批装运和转船条款；4.装运通知条款；5.装卸时间、装卸率、滞期速遣条款。

2.8 如何制订进口货物海洋运输条款

工作场景描述

当希望知道如何制订进口货物海洋运输条款时，可查看。

解读与分析

进口货物海洋运输条款包括以下内容。

1. 运输港口

正确选择装货港口对保证合同的顺利履行和进口物资的及时到货都有着十分重要的意义。企业在对外签订合同、确定装运港（地）时应注意以下几个方面。

（1）企业要认真了解国外装运港（地）的具体情况。

（2）规定要明确，要列明具体港口的名称。

（3）如果明确一个装运港（地）有困难，可采用选择港，但企业必须在合同中将港口名称一一列出，一般要列两个，最多不超过三个。同时应订明“装运港（地）由买方选择”或“卖方须在交货期前45天将交货名称、数量和装货港口通知买方”等内容。

（4）交货期要争取相对集中，以利于及时派船。

（5）企业要注意港口有无重名。

（6）企业对对方派船的装运港（地）可以适当放宽，但要明确订明。

2. 装运日期

FOB条件下的进口货物，一般应在合同中明确规定：卖方必须在合同规定的交货期前30天，将合同号码、货物名称、数量、装运口岸及预计货物运达装运口岸日期，以电报形式通知买方，以便买方安排舱位；买方应在船只受载期前12天，将船名、预计受载日期、装货数量、合同号、船舶代理人等信息，以电报形式通知卖方；买方所租船只按期到达装运口岸后，如卖方不能按时备货装船，买方因此遭受的一切损失，包括空舱费、延期费及罚款等由卖方承担；如船只不能于船舶代理人所确定的受载期内按时到达，在港口免费堆放期满后第n天（一般为16天）起发生的仓库租费、保险费由买方承担，但卖方仍负有载货船只到达装运口岸后立即将货物装船的义务，并承担费用及风险。

3. 交货数量增减率及选择权

为了不使买方遭受船舶空舱损失或货物退关损失，在贸易合同中应对交货数量订明“数量增减率”。按照国际航运惯例，这个“数量增减率”的选择权属于船运方，故合同条款应订明“数量增减率由船运方选择”，不能接受“由卖方选择”的条款。

4. 滞期速遣条款

参照“如何制订运输条款”。

5. 仓库租赁免费期

对于因船舶延期而产生的货物在港口堆放的仓库租赁费用，买卖双方间如何分担，需由买卖双方协议确定。一般来说，免费期越长对买方越有利。

6. 装运通知

为便于收货人做好接货准备，合同中一般规定，卖方在货物装船后，应立即将合同号、品名、数量、发票金额、装货船名及装船日期以电报或传真的形式通知买方。

7. 对方派船合同的装运条款

为了确保进口物资安全，及时运回国内，防止发生意外事件，企业在签订对方派船的进口贸易合同时，需签署一份运输条款作为合同的附件，以明确有关船舶安排方面对卖方的要求。

8. 其他条款

（1）FOB条件下的装货费用。按照FOB定义，买卖双方的费用、风险和责任的划分，均以货物越过船舷为界。

（2）避风移泊条款。

（3）病虫害熏蒸及动植物检疫条款。我国进口的农产品货物到港后，发现有病虫害时，都要按国家检疫规定做熏蒸处理。为了避免给买方造成经济损失，企业应在合同中订明“由于熏蒸而产生的船期损失和全部熏蒸费用均由卖方承担”。

（4）索赔有效期。

（5）运费支付办法。

关键点提示

进口货物海洋运输条款包括以下内容：

1.运输港口；2.装运日期；3.交货数量增减率及选择权；4.滞期速遣条款；5.仓库租赁免费期；6.装运通知；7.对方派船合同的装运条款；8.其他条款。

2.9 如何制订出口货物海洋运输条款

工作场景描述

当希望知道如何制订出口货物海洋运输条款时，可查看。

解读与分析

出口货物海洋运输条款的制订方法如下。

1. 如何制订我方派船合同运输条款

（1）装运期的条款。

①装运期必须明确年度及月份，对船舶较少去的偏僻港口，最好争取跨月装货，以便安排船舶，不要定“即装”的条款。

②出口货物的装运期，分远洋、近洋地区，应规定收到信用证的期限。一般而言，远洋地区不少于30天，近洋地区不少于20天。

③签订出口合同时，应避免把信用证结汇有效期与装运期定为同时到期，即“双到期”。一般应争取结汇有效期长于装运期15天，以便货物装船后有足够的时间办理结汇手续。

④不能接受一笔货物在短时期内分若干批出运的条款。

（2）装运港（地）和目的港（地）的条款。

①出口装运港（地），尽可能争取定为中国港口，或定为几个中国港口，由卖方选择。

②出口目的港（地），应尽量选定班轮航线通常挂靠的基本港口或条件较好的港口，以便组织直达运输，减少中转。

③目的港（地）要具体明确。

④在不以联运方式承办运输的条件下，一般不接受以内地城市为目的港（地）的条款，对于内陆国家的贸易，应选择我方能安排船舶最近的海港为目的港（地）。

（3）出口转船的条款。

①如果要将货物出口到没有直达船或虽有直达船但没有固定船期、航班较少的港口，必须订明“允许转船”的条款，以利装运。

②运送的商品数量较多或运往条件较差的港口时，应考虑到港口的吃水限度和派船的可能条件，在合同中订明“允许转船和分批装运”的条款。

③凡是“允许转船”的货物，不能接受买方指定的中转港、二程船企业和船名的条件，也不能接受在提单中注明中转港、二程船企业和船名的条件。

（4）装卸费负担的条款。

由于世界各地港口有不同的解释和不同的习惯做法，我方应根据实际情况在合同中明确规定目的港（地）的卸货费用由谁负担。

2. 如何制订对方派船合同运输条款

由对方派船的合同一般采用FOB条件，我方在订立运输条款时应注意以下内容。

（1）对于FOB出口合同，卖方应在合同规定的交货期前30天，向买方发出准备装船通知，买方应该从卖方发出通知之日起20天内，将货物船只的船舶规模和预计到港日期等信息通知卖方和装港的船务代理公司。

（2）在我国港口装货所发生的理货费，应在合同中明确由买方或船方承担，因为我国港口一般由船方申请理货或接受货物，卖方不承担此项费用。

（3）以FOB条件成交的出口货物，由船边至船舱的装船费概由买方承担。

3. 签订运输条款时应注意的问题

（1）关于限期运抵目的港（地）的条款。企业对买方提出限期运抵目的港（地）的要求应给予重视，但对合同上规定限期运抵目的港（地）的条款可以不予接受，因船舶在海上航行，很难保证达到目的港（地）的时间。如因特殊情况必须限定运抵目的港（地）的期限时，需事先征求运输部门的意见。

（2）关于指定船舶或限制航线的条款。企业在合同中一般不能接受由买方指定某国籍的船只、某班轮公司船只以及限制船型、船线或航线等条款。

（3）关于指定装卸码头、仓库的条款。企业对于买方要求指定装卸码头和仓库的条款，一般不能接受。如有特殊情况，应根据货量的大小和所指定的装卸码头及仓库的实际情况决定。

（4）关于大宗出口商品出具提单的问题。对大宗出口商品的运输，通常采用承租船装运，同时签发租船提单。对于这种提单，银行都不会接受，因此，企业在签订合同时，应商定双方可以接受的提单，以便作出相应的安排。

关键点提示

制订出口货物海洋运输条款时，应考虑的问题如下：

1.我方派船合同运输条款的制订；2.对方派船合同运输条款的制订；3.签订运输条款应注意的问题。

2.10　如何采用恰当形式签订有效的进出口合同

工作场景描述

当对订立有效进出口合同的形式尚未明确时，可查看。

解读与分析

在我国的进出口贸易中，当事人订立合同可采用书面形式、口头形式或其他形式。书面合同的形式又包括正式合同、确认书、协议书、备忘录、订单等，在贸易中大多采用正式合同和确认书这两种形式。

正式合同与确认书在法律上具有同等效力，对买卖双方均有约束力，而其他书面合同则不然。

1. 正式合同

正式合同内容比较全面，对双方的权利和义务以及发生争议后的处理办法均有较为详细的规定。大宗商品和成交额较大的交易，多采用此种形式。

2. 确认书

确认书是一种简式合同，在格式上与正式合同有所不同，它的条款也比正式合同简单，主要就一般性内容作出规定，对双方的义务则规定得不很详细。这种形式主要用于金额不大的商品，或者已经订有代理、包销等长期协议的交易。

3. 协议书

如果协议书它的内容对买卖双方的权利和义务都做了明确规定，那么它就与正式合同一样具有法律约束力。如果交易洽谈的内容较复杂，仅商定了一部分条件，还有部分条件有待进一步磋商，此时双方签订一个“初步协议”，并且说明此协议属于初步性质，那么这种协议就不具有正式合同的性质，没有法律约束力。

4. 备忘录

备忘录是记录当时洽谈的内容，供今后核查的文件。如果双方洽谈的交易条件完整、明确、具体地写在了备忘录中，并经过双方的签字，这种备忘录的性质就与正式合同一样，反之，则不具有法律约束力。

5. 订单

订单是进口商拟订的货物订购单。在我国外贸实践当中，经洽谈达成交易后，我方制作正式合同或确认书两份寄给国外客户，要求其进行回签。但有的客户往往将他的订单寄来，要求我方回签。这种经磋商成交后寄来的订单，实际就是一种购货合同。

6. 口头合同

口头合同是当事人之间通过当面谈判或通过电话方式达成的协议。这种形式可以节省时间，加速成交，但因无文字依据，一旦发生争议，往往举证困难。

7. 其他形式的合同

其他形式的合同包括以电子信息或行为方式表示接受而订立的合同。电子合同的载体不是纸张，而是信息系统，其内容具有可编辑性和不稳定性，而且不易添加合同当事人的亲笔签名。因此，目前世界各国或地区在电子合同是否合法有效的问题上看法不一。以行为方式表示接受的合同主要是指当事人在长期交往中形成的习惯做法等。

根据我国合同法，当事人订立合同可采用书面形式、口头形式或其他形式，但是有些国家或地区的法律法规强调必须采用书面合同。因此，签订一定格式的书面合同更有利于合同的顺利履行。

关键点提示

企业订立有效的进出口合同可采用以下形式：

1.正式合同；2.确认书；3.协议书；4.备忘录；5.订单；6.口头合同；7.其他形式的合同。

2.11　如何确定进出口合同的内容

工作场景描述

当对进出口合同所应包含的内容不甚明了时，可查看。

解读与分析

对于书面合同，无论采用哪种形式，其基本内容通常包括约首、基本条款和约尾三部分。

1. 约首

这一部分主要对合同当事人和合同本身作出说明。一般应包括合同的名称、编号、订约日期、地点、双方的名称和地址等内容。约首一定要写明双方企业的全称和详细地址，因为一些国家或地区将它视为合同成立的条件。

2. 基本条款

这一部分是合同主体，规定了双方的权利和义务，主要包括商品名称、品质、数量、包装、单价和总值、交货条件、运输、保险、支付、检验、索赔、不可抗力和仲裁等具体条款。交易磋商就是针对这些基本条款进行的。

3. 约尾

这一部分内容应包括合同正本份数、使用文字、效力以及双方当事人签字盖章等。

合同或确认书通常一式两份，双方各执一份。

在就以上各个部分作出规定后，一份完整的书面合同就拟好了。当然，以上所述只是就有效合同的格式而言，至于合同的具体内容和相关条款，企业还需根据实际业务认真拟订。

关键点提示

签订书面合同时，应主要注意以下三部分内容：

1.约首部分对合同当事人和合同本身作出说明；2.基本条款构成合同的主体；3.约尾部分包括合同的份数、使用文字和当事人签字盖章。

2.12 如何恰当使用国际贸易术语

工作场景描述

当在合同磋商与订立过程中对贸易术语的选择难以定夺时，可查看。

解读与分析

贸易术语是用来表明商品的价格构成，说明货物交接过程中有关的风险、责任和费用划分的专门用语。贸易术语能简化磋商的内容，加速交易的进行。不同的术语体现了买卖双方不同的权利和义务，因此，在合同中选用恰当的贸易术语非常重要。

在实际业务中，当事人选用何种贸易术语，要根据交易的具体情况仔细斟酌，做到既有利于达成交易，又避免因承担过大的风险而造成损失。要想选择恰当的贸易术语，就应做到以下几点。

1. 了解各种贸易术语的基本情况（见表 2-1）

表 2-1 常用贸易术语

贸易术语	交货地点	风险转移界限	出口报关责任、费用	进口报关责任、费用	适用的运输方式
EXW	商品产地	买方处置货物时	买方	买方	任何方式
FCA	出口国内地、港口	承运人处置货物后	卖方	买方	任何方式
FAS	装运港口	货交船边后	卖方	买方	水上运输
FOB	装运港口	货物越过船舷	卖方	买方	水上运输
CFR	装运港口	货物越过船舷	卖方	买方	水上运输
CIF	装运港口	货物越过船舷	卖方	买方	水上运输
CPT	出口国内地、港口	承运人处置货物后	卖方	买方	任何方式
CIP	出口国内地、港口	承运人处置货物后	卖方	买方	任何方式
DPU	约定目的地地点	指定地点卸货后	卖方	买方	任何方式
DAP	目的地港口	买方在运输工具上收货后	卖方	买方	任何方式
DDP	目的地港口	买方在指定地点收货后	卖方	买方	任何方式

2. 了解各组贸易术语的不同特点

表2-1中自上而下的排列顺序呈现出买方义务逐步变小，而卖方义务逐步变大的特点。

E组贸易术语，即EXW，在性质上类似于国内贸易。卖方在本国内将货物交给买方，由买方自己安排运输工具接运货物，还要办理货物出口和进口的清关手续。因此，买方要承担很重的义务。

F组术语包括FCA、FAS、FOB三种。卖方在交货地点提交货物，而由买方安排运输工具、订立运输合同并通知卖方；卖方办理出口手续，买方办理进口手续。F组术语的特点是“主运费未付”。

C组术语中包括CFR、CIF、CPT和CIP四种。卖方在约定装运港（地）交货后，还要负责办理货物从装运港（地）到目的港（地）的运输事项，并承担相关费用。在CIF和CIP下，卖方还要负责办理货运保险，并承担保险费用。这里的运费是按照惯常路线和习惯方式运送货物的通常运输费用，而货物交付运输之后灭失或损坏的风险以及货物运输途中的额外费用，则由买方承担。C组术语的特点是“主运费已付”。

D组术语包括DPU、DAP、DDP三种。卖方要支付将货物运至约定地点的运费，包括货物灭失或损坏的风险以及在货物交付运输之后发生意外而产生的额外费用。也就是说，卖方所承担的风险要大于前面各组。

3. 考虑到其他因素

国际贸易中使用最多的贸易术语是装运港（地）交货的FOB、CFR和CIF术语，它们只适用于水上运输方式，风险的划分都是以货物越过装运港（地）船舷为界，但是双方的责任和费用不同。以卖方来说，FOB术语下卖方只需负担货物在出口国内的费用（包括出口结关的费用），而不承担货物的运费和保险费；CFR术语下卖方就需要再支付货物在运输途中的正常运费；而在CIF术语下，除了承担前两种术语下的责任和费用外，卖方还要承担货物在运输途中的保险费。

（1）运输条件：如企业本身有足够能力安排运输，而且经济上又划算，可按由自身安排运输的术语成交（如按FCA、FAS、FOB进口，或按CIP、CIF、CFR出口）。否则，企业应争取按由对方安排运输的术语成交（如按FCA、FAS、FOB出口，或按CIP、CIF、CFR进口）。

（2）货源情况：企业应考虑货物自身特点、运输要求、运费开支等方面因素。此外，成交量的大小也涉及安排运输是否有困难和经济上是否划算的问题，如成交量太小，又无班轮通航的情况下，负责安排运输的一方势必会增加运输成本。

（3）运费：企业应考虑货物经由路线的运费收取情况和运价变动趋势。一般来说，当运价看涨时，为规避运价上涨的风险，可选用由对方安排运输的术语成交，如按C组术语进口，按F组术语出口。如果企业不得不按自身安排运输的条件成交，则应将运价上涨的风险考虑到货价中去。

（4）运输途中的风险：企业应考虑货物在长途运输过程中可能遇到的各种自然灾害、意外事故，以及是否途经战乱地区或有政治风险的地区。应避免由我方来承担风险。

（5）办理货物结关手续有无困难：有些国家或地区规定只能由结关所在国的当事人安排结关，此时，不宜以EXW或DDP术语成交。

在考虑了以上各贸易术语的特点和交易货物的具体情况后，企业就可以选出最恰当的贸易术语来进行交易了。

关键点提示

企业要选用恰当的贸易术语，就应做到以下三点：

1.了解各种贸易术语的基本应用情况；2.了解各类术语的不同特点；3.考虑其他因素。

2.13　如何使用 EXW 合同

工作场景描述

当试图订立EXW合同时，可查看。

解读与分析

EXW（EX Works），意为“工厂交货”。这种术语下，卖方在合同规定时间，在约定的卖方所在地的工厂或仓库，将合同货物交付给买方即算完成交货义务。买方承担其后的全部费用和风险。EXW合同是一种在内陆产地交货的合同，采用该合同时，需要着重在以下几个方面作出规定。

1. 关于办理出口手续的问题

EXW合同下，办理货物出口手续的责任在买方，但是有些国家或地区不允许买方直接去办理，我国目前就是如此。这时，买方就需要委托卖方代办，由此产生的代办费用由买方承担并应在合同中清楚地作出规定。

2. 关于货物的包装和装运问题

EXW合同下，买方应根据运输情况，提出对货物包装的具体要求，并对包装费的承担问题作出规定。另外，一般情况下，卖方只负责把货物交给买方处置，而不负责装运，但是如果双方协商同意由卖方负责装载货物并承担装载费用和风险，则应在合同中明确规定。

3. 关于单证问题

EXW合同下，卖方一般只需向买方提供商业发票即可，而买方必须向卖方提供已受领货物的凭证。因此，订立EXW合同时，一般不采用信用证作为支付方式。

在国外采用EXW术语订立合同的情况十分普遍。随着我国对外经贸的发展，EXW合同对于工厂直接从事产品出口，尤其是对与外国接壤的地区的工厂自营进出口将越来越有用。

关键点提示

如果企业采用 EXW 合同，在使用中需注意以下问题：

1.关于办理出口手续的问题；2.关于货物的包装和装运问题；3.关于单证问题。

2.14 如何使用 FCA 合同

工作场景描述

当试图订立FCA合同时，可查看。

解读与分析

FCA（Free Carrier）意为“货交承运人”，这种术语下，由买方安排运输并将有关情况通知给卖方，卖方将货物在指定地点交给由买方指定的承运人，并办理出口清关手续，即完成了交货义务。买方承担其后的全部费用和风险。

FCA合同是一种在出口国指定地点交货的合同，在使用时，企业要注意以下两个问题。

1. 交货地点问题

FCA合同下，卖方履行交货义务的交货地点情况多种多样，因此，装卸货物的责任和费用也不同。如果约定的地点在卖方所在地，卖方负责把货物装上买方安排的运输工具即可；如果约定地点在其他地方，卖方只需将货物运到该地点，在卖方的车辆上交给承运人即可，无须卸货。

2. 风险转移问题

在FCA合同下，买卖双方的风险划分以货交承运人为界。但由于FCA和 F 组其他术语一样，通常是由买方负责订立运输契约，并将有关事项通知卖方，因此，如果买方未能及时给予卖方上述通知，或者他指定的承运人在约定的时间内未能接受货物，风险转移的时间就可以提前。也就是说，自规定的交付货物的约定日期或期限届满时起，由买方承担货物丢失或损坏的一切风险，但要以货物已经划归本合同项下为前提。

另外，在FCA术语下，还需注意两点：

（1）买卖双方可以约定，买方可指示其承运人在货物装运后向卖方签发已装船提单，然后卖方有义务向买方提交该提单，

（2）关于卖方或买方选择运输工具运输的相关条款，卖方或买方既可以委托第三方承运，也可以自运。

FCA合同适用于多种运输方式，尤其是在使用集装箱运输时极为方便。因此，随着集装箱运输的广泛使用，这种合同也会更加普及。

关键点提示

如果企业采用 FCA 合同，使用时要注意以下两个问题：

1.交货地点问题；2.风险转移问题。

2.15 如何使用FOB合同

工作场景描述

当试图订立FOB合同时，可查看。

解读与分析

FOB（Free on Board），意为“离岸价”。在这种术语下，卖方办理出口手续，并在约定的出口国或地区的装运港（地）将货物装上买方指定的船只后即完成交货。买方负责办理运输和保险，并承担货物越过船舷之后的有关费用和一切风险。

FOB合同是一种在装运港（地）交货的合同，在使用时，企业需要着重在以下几个方面做出规定。

1. 买方延迟派船问题

FOB合同下，买方必须指定船只并将有关船名、装船地点和要求交货的时间通知卖方，并保证该船只按时到达装运港（地）装货，这是卖方按时装运的前提条件。在实际业务中，也有买方指派的船只不能按时到港的情况，对此，卖方可要求买方支付罚金和赔偿金，也可拒绝交货。到底如何处理，双方应在合同中作出明确规定。

2. 在租船运输方式下，有关装船和装船费用的问题

FOB合同下，卖方负责将货物装上船只。如果是在班轮运输方式下，船方管装管卸，装船费已包含于运费中，就无须对此做出规定。但是，如果是租船运输，船方一般不负担装卸费用，而且“装船”的概念也不尽相同，例如，有的港口要求卖方将货物装到船的甲板上才算装船；有的要求将货物装到舱底才算装船；有的只要求将货物运至受载船只吊钩所及之处即可，那么到底由谁来负责装船的各个环节，由谁来承担相关费用，双方应在合同中加以明确。

为了避免混乱，企业在订立FOB合同时，最好能在合同中对装船问题以条款的形式做出规定，如：船上交货并由卖方负责平舱费及理舱费。

有关装船和装船费用的问题，一般采用FOB术语的变形。

（1）FOB班轮条件（FOB Liner Terms）

类似于班轮运输，卖方只负责将货物交到码头，其他装船事宜由船方负责。

（2）FOB吊钓下交货（FOB Under Tackle）

卖方将货物置于轮船吊钩可及之处，货物起吊后所发生的装船费用由买方负担。

（3）船上交货并理舱（FOB Stowed）

卖方负责将货物装入船舱并支付包括理舱费在内的装船费用。理舱费是指货物装入舱底后，对其进行整理、垫隔的费用。

（4）船上交货并平舱（FOB Trimmed）

卖方负责将货物装入船舱并支付包括平舱费在内的装船费用。平舱费是指对成堆装入船舱的散装货物进行调动和平整所需的费用。

以上有关FOB的解释都是按照国际商会《国际贸易术语解释通则》作出的，然而不同国家或地区对FOB的解释并不完全统一，如北美国家采用的《1941年美国对外贸易定义修订本》中，将FOB概括为六种，其中只有“FOB Vessel”与上述解释相近，但出口方不负责取得出口许可证和出口税费。

作为只适用于海运及内河运输的合同，FOB合同在目前的国际贸易当中使用率最高，另外，在FOB合同上百年的演变过程中，还形成了一些变通的做法。因此，企业应当对上述有关FOB合同的事项形成清晰的概念，并在合同中相应地作出规定，才能减少风险，顺利实现货物交接和货款收付。

关键点提示

如果企业采用 FOB 合同，在使用中需要注意以下两点：

1.买方延迟派船问题；2.在租船运输方式下，有关装船和装船费用的问题。

2.16 如何使用CFR合同

工作场景描述

当试图订立CFR合同时，可查看。

解读与分析

CFR意为“成本加运费”。在这种术语下，卖方负责租船订舱并支付正常运费，将货物运至约定的目的港（地），货物越过船舷后，卖方即完成交货。买方自行订立保险合同，并承担货物越过船舷之后的额外费用和一切风险。

CFR合同是一种在出口国装运港（地）交货的合同，在使用时，企业需要着重在以下几个方面作出规定。

1. 装船通知

CFR合同下，卖方需要特别注意的问题是，货物装船后必须及时向买方发出装船通知，告知载货船名、装货完毕的日期、货物的名称、规格和数量等，以便买方办理投保手续。如果卖方不及时发出说明货物状况的装船通知，从而导致买方没有及时办理投保手续或漏保，那么货物在海运途中的风险由卖方承担。所以，买卖双方最好在合同中对装船通知发出的时间和违反的后果作出明确规定。

2. 卖方的装运时间问题

CFR合同下，由卖方负责租船订舱，而在实际业务中，有的卖方在延迟交货的情况下，会串通船方将提单日期提前，以表明卖方是按期交货的，这是一种严重的违约和违法行为，买方可根据具体情况拒收货物或提出索赔。此外，如果卖方在合同规定的日期内将货物装船，并向买方提交了合规的已装船提单，但载货船只因种种原因而比原预计的抵港时间晚了，则不属于卖方延迟交货的范围。

CFR合同、FOB合同、CIF合同都是装运合同，也是应用最为广泛的三种合同。

CFR与CPT同属于C组术语，二者相似之处如下：

（1）卖方承担的风险都在交货地点。风险随着交货义务的完成而转移。

（2）卖方都要负责安排交货地至目的地的运输事项，并承担相应费用。

（3）卖方只需保证按时交货而无须保证按时到货。

CFR与CPT的主要区别如下。

（1）适用的运输方式不同。CFR只适用于水上运输，CPT适用于各种运输方式。

（2）交货地点不同。CFR交货地点在装运港（地），CPT的交货地点因运输方式的不同而由双方约定。

（3）风险划分界线不同。CFR风险划分以船舷为界，CPT风险划分以货运承运人为界。

关键点提示

如果企业采用 CFR 合同，使用中需要注意以下两点：

1.装船通知；2.卖方的装运时间问题。

2.17　如何使用 CIF 合同

工作场景描述

当试图订立CIF合同时，可查看。

解读与分析

CIF（Cost，Insurance and Freight）意为“成本加保险费加运费”。在这种术语下，卖方负责租船订舱，将货物运至约定的目的港（地），办理货物的海运保险，支付运费和保费。货物越过船舷后，卖方即完成交货。买方承担货物越过船舷之后的额外费用和一切风险。

CIF合同是一种在出口国装运港（地）交货的合同，在使用时，企业应着重在以下几个方面做出具体规定。

1. 投保利益和索赔问题

（1）背书是指保险单持有人（卖方）在保险单背面签上自己的名字，或再加上受让人（买方）的名字，并把保险单交给受让人的行为。

（2）CIF合同下，卖方的一项基本义务就是办理投保。但企业应当明确，办理投保并不等于承担货运风险；相反，货物灭失或损坏的一切风险同FOB和CFR合同中规定的一样，在货物越过船舷时就转移给了买方，即卖方实际上是为买方所承担的货运风险而去投保的。因此，CIF合同中不能规定，卖方承担货物的灭失或损坏的风险直至目的港（地），或是为了卖方的利益而投保的。相应地，卖方交单结汇时，其实就已经通过保险单的背书把保险利益（向保险公司索赔的权利）转移到买方了。因此，海运过程中产生的风险，既然由买方承担，也就应当由买方向保险公司索赔。

2. 投保险别问题

CIF合同下，卖方负责投保，一般来说，如果合同中未对保险险别做出具体规定，只需要投保最低的险别即可；如果买方要求投保其他险别，也可在买方承担费用的情况下按其要求办理，但必须在合同中订明。在我国，一般都规定卖方须按发票金额的110%投保中国人民保险集团股份有限公司货物保险条款中的平安险。

3. 卸货费用和其他费用的负担问题

CIF合同下，如果采用班轮运输方式，船方管装管卸，卸货费已包含在运费中，就无须对卸货费用做出规定。但是，如果采用租船运输方式，船方一般不负担装卸费用。这时为了分清买卖双方的责任，可以在CIF术语后加列某种附加具体条款，表明卸货费用由谁负担，如卸至岸上并由卖方承担驳船费和码头费。

CIP与CIF有相似之处，它们的价格构成中都包括了通常的运费和保险费，且卖方只需保证按时交货而无须保证按时到货。但两者是有区别的，而产生这些区别的主要原因是两者适用的运输方式不同；CIF适用于水上运输，交货地点在装运港（地），风险划分以装运港（地）船舷为界，卖方负责水上运输及保险事项并支付相应费用；而CIP则适用于任何运输方式，交货地点随运输方式不同而不同，风险自承运人控制货物时转移。卖方负责从交货地点到目的地的全部运输，而不仅是水上运输。卖方办理的保险，也不仅是水上运输险，还包括各种运输险。

4. 单据问题

CIF合同可以说是一种“单据买卖”，卖方只要在按期装运后提交合同规定的有效单据，就算完成了交货义务，而无须保证到货；反之，如单据不符合规定，即使卖方交付了合格的货物，买方仍有权拒收单据、拒付货款。因此，在CIF合同下，单据有着特别重要的意义。

CIF合同在国际贸易中的使用频率仅次于FOB合同，对国际贸易的影响相当大。企业应当对上述有关CIF合同的事项和问题形成明晰的概念，并在合同中相应地做出规定，才能减少风险，顺利实现货物交接和货款收付。

关键点提示

如果企业采用CIF合同，使用中要注意以下几点：

1.卖方办理海运保险属于代办性质；2.如合同未明确规定保险险别，卖方一般只需投保最低险别即可；3.租船运输方式下，需对卸货和卸货费用问题做出明确规定；4.CIF合同是典型的“单据买卖”。

2.18　如何订立国际商品经销协议

工作场景描述

当试图与国外经销商建立相对稳定的经销关系时，可查看。

解读与分析

经销是指出口商和国外进口商（经销商）达成协议，规定经销商在特定区域和期限内购销一定数量的指定商品。独家经销商在规定期限和区域内拥有独家专营权，而一般经销商则没有专营权。

经销是建立和稳定买卖双方之间长期贸易关系所经常采用的贸易方式，按照经销商权限的不同，可以分为独家经销（包销）和一般经销两类。无论哪种方式，都应通过经销协议将买卖双方的权利义务确定下来。

企业制订经销协议时应注意以下几点。

1. 经销商的选择

出口商在选择经销商时，事先应认真进行调查，了解对方的资信状况和经营能力。在选择独家经销商时，这项工作尤其重要。

2. 经销商品的品种

企业应明确规定经销商品的种类、牌号和规格，如有新产品产生，要判断旧协议是否适用。

3. 经销地区

经销地区可以是一座或几座城市，也可以是一个甚至几个国家或地区，其区域大小的确定，企业除应综合考虑经销人的经营规模、经营能力及销售网络外，还要注意地区的行政区域划分、地理和市场差异程度等。经销地区一般不宜过大，也不宜订得太笼统，如东南亚、中东等，要写清具体的国家或地区名称。

4. 经销期限

经销期限一般可规定为 1 年，同时还应有期满后延期或终止的条款。

5. 经销数量（金额）

此项数额的规定对协议双方均有约束力，它既是经销商在一定时期内必须承购商品的数额，也是供货商应保证供应的数额。一般应定出承购数额的下限，还应定出超额承购和未完成承购额的奖罚条款。

经销商与出口商之间是买卖关系，经销商向出口商购进货物，自行销售、自负盈亏、自担风险。与通常的单边逐笔售定不同，当事人双方除签有买卖合同外，通常还事先签有经销协议，确定对等的权利和义务。

6. 作价方法

对于经销商品，可以在规定的期限内一次作价，也可以由买卖双方定期根据市场情况分批作价。

7. 广告宣传和费用

一般由经销商负责商业宣传并承担有关费用，必要时也可由出口商承担。

8. 专营权

包销方式下，在协议有效期内，出口商不得再向该地区的其他经销商直接销售同类产品；包销商也不得经营其他来源同样的、类似的或具有竞争性的商品。

9. 市场报告和商标保护

在协议有效期内，包销商负有定期向出口商报告当地市场情况的义务。有的包销协议还规定，包销商如发现当地对所经销的商品有侵权行为，应及时采取保护措施。

经销方式克服了逐笔售定的不足之处，通过经销协议，确定了买卖双方在一定期限内较为稳定的贸易关系，但是经销协议只是原则性地规定了双方当事人的权利和义务。在签订经销协议之后，每批货物的交付，双方都要再订立具体的买卖合同，明确价格、数量等具体交易条件。

关键点提示

企业签订经销协议时应该注意以下几点：

1.经销商品的品种；2.经销地区；3.经销期限；4.经销数量（金额）；5.作价方法；6.广告宣传和费用；7.专营权；8.市场报告和商标保护。

2.19　如何订立国际商品代理协议

工作场景描述

当试图与国外代理商建立相对稳定的代理关系时，可查看。

解读与分析

代理同经销一样，也是建立和稳定买卖双方长期贸易关系的贸易方式。代理只是代表出口商销售商品并办理相关事宜，由此产生的权利和义务则直接对出口商发生效力。按照代理权限的不同，可以分为独家代理、一般代理和总代理三类，无论哪种代理方式，都应通过代理协议将买卖双方的权利义务确定下来。

独家代理在规定的地区和期限内享有推销指定商品的专营权，该地区业务无论是代理人还是出口商达成的，都要向其支付佣金；一般代理不拥有专营权，出口商自行达成的交易也不必付给其佣金；总代理除拥有专营权外，还可代表出口商进行其他业务活动。代理人和出口商之间是委托与被委托的关系，而不是买卖关系，其旨在赚取佣金而不负责盈亏。

代理协议主要包括以下几个方面的内容。

1. 代理商品的品种

应明确规定代理商品的种类、牌号和规格，如有新产品产生，要判断旧协议是否适用。

2. 代理地区

代理地区要明确具体，一般不宜过大，也不宜订得太笼统。

3. 代理期限

代理期限一般可规定为1~3年，同时还应有期满后延期或终止方法的条款。

4. 代理数量（金额）

一般应定出代销数额的下限，以防代理商“代而不理”。但是此限制一般只用于独家代理和总代理，而不适用于一般代理。

5. 代理佣金

企业应对佣金的比例、计算方法和支付方式做出规定。佣金率的高低应综合考虑商品特点、市场情况、成交金额及竞争程度等因素。

6. 广告宣传和费用

广告宣传和费用一般由出口商承担，也可以由双方共同承担。

7. 代理权限

独家代理方式下，在协议有效期内，出口商不得再在该地区另找代理。代理商也不得经营其他来源的、同样的、类似的或具有竞争性的商品。不过出口商可在协议中保留直接销售权。

8. 市场报告和商标保护

协议中还可规定代理商负有定期向出口商报告当地市场情况的义务，并应对当地市场存在的商标侵权行为采取措施。同经销方式一样，一份完整、合理的代理协议同样能够克服逐笔售定的不足之处，确立双方在一定期限内较为稳定的贸易关系。

独家代理协议和包销协议大体相似，但由于这两种贸易方式具有本质区别，因而其协议也有以下几点不同。

（1）代理数量（金额）：代理数额属于包销协议的必备内容，但在代理协议中，并不具有十分严格的约束力，一般只需定出代理数额的下限即可。

（2）付款：包销商取得货款，而代理商只是取得佣金。

（3）专营权：包销协议规定出口商不得在包销区域内出售同样的商品，而独家代理协议中，出口商可以保留直接销售权。

（4）广告宣传费用：包销协议下，此费用一般由包销商承担；而代理协议下，一般由出口商承担，也可以由双方共同承担。

关键点提示

代理协议应该包括以下内容：

1.代理商品的品种；2.代理地区；3.代理期限；4.代理数量（金额）；5.代理佣金；6.广告宣传和费用；7.代理权限；8.市场报告和商标保护。

2.20 如何订立国际商品寄售协议

工作场景描述

当试图与外商建立相对稳定的寄售关系时，可查看。

解读与分析

寄售是一种委托代售的贸易方式，卖方（寄售人）先将货物运往国外，委托外商（代售人）在当地市场上代为销售，货物售出后，代售人扣除佣金和其他费用后将余款汇给寄售人。在采用寄售方式时，双方应通过寄售协议将各项寄售条件确定下来。

寄售人和代售人之间的关系是委托关系，代售人赚取佣金，这一点与代理相似；寄售是看货成交、现货交易，这一点又与代理不同。

寄售协议主要包括以下几个方面的内容。

1. 寄售商品的品种和地区

其规定与代理协议中的有关规定相同。

2. 寄售权限

规定代售人只负责代售而不承担销售风险；货物在出售前的所有权仍属于寄售人；出售时，所有权直接转移给买方。

3. 定价方法

一般可以在协议中规定最低售价，代售人不得低于此价格出售商品，或者规定代售人如要变动售价，需在售前征得寄售人的同意。

4. 寄售佣金

双方应对佣金的比例、计算方法和支付方式做出规定。

5. 交付货款的方式

一般由代售人扣除佣金和费用后汇付给寄售人。在协议中应对交付的方式和时间等做出规定。

6. 货物的存放地点和提取办法

一般都是直接运交给代售人存仓出售，也可以将货物先存入保税区，随售随取。

7. 寄售期限

在有效期内，寄售人保证按质、按量、按期提供寄售商品，期满后，寄售人有权处理尚未出售的商品。

采用寄售方式时，寄售人应考虑以下几个因素。

（1）选择适当的寄售地点：最好选在自由港或自由贸易区。

（2）选择可靠的代售人：首要条件是资信好、经营推销能力强。

（3）选择适当的寄售商品：考虑当地的风俗习惯和喜好。

（4）选择适当的寄售数量：一般不宜过多。

（5）选择恰当的收汇方式：可要求代售人提供银行保函。

寄售方式与经销、代理方式有很大不同，它的优点在于买方可以看货成交，就地交货，如果赶上销售旺季，可以抓住时机，卖得好价；缺点是出口商承担的风险较大，费用较多，如果货到目的地后，市场不景气，或代售人有意压价，寄售人就比较被动。

关键点提示

寄售协议应该包括以下内容：

1.寄售商品的品种和地区；2.寄售权限；3.定价方法；4.寄售佣金；5.交付货款的方式；6.货物的存放地点和提取办法；7.寄售期限。

2.21 如何订立来料加工合同

工作场景描述

当试图开展来料加工业务并着手订立相关合同时，可查看。

解读与分析

来料加工（包括来件装配）属于加工贸易的一种，这种做法是由外商提供全部或部分原材料、零部件，由承接方按照合同要求进行加工或装配，之后将成品交付外商。在这个过程中，原料和成品的所有权始终属于委托加工的外商，承接方只收取加工费用。

来料加工合同应包括以下内容。

1. 对来料（来件）的规定

合同中应明确来料（来件）的名称、规格、质量、数量，交付物料的方式和时间，验收方法及因委托方未能按质、按量、按时供料造成承接方停工、生产中断的补救方法等。

2. 对成品的规定

合同中应明确加工或装配的成品的名称、规格、质量、数量、损耗率、残次品率、检验方法、交货时间和地点、运费、保费、包装方式和包装费用等。一般来说，由于原料和成品的所有权始终属于委托加工的外商，因而进出口的运保费也应由外商承担。

3. 对工缴费标准的规定

一般来说，如外商仅提供部分原料，可以对来料（来件）和加工后的成品分别作价，从成品货价中扣除来料（来件）价款，余额即为工缴费；如外商提供全部原料，则对来料（来件）和加工后的成品均不作价，只按约定标准收取净加工费。

4. 对工缴费结算方式的规定

在来料（来件）和成品分别作价的情况下，可采用对开信用证方式结算，先收成品货款，再支付来料（来件）价款，以免承接方垫付外汇；在来料（来件）和成品均不计价的情况下，工缴费多由外商汇付给承接方。

另外，如因加工装配的需求而需要外商提供一些机器设备时，还应对设备的所有权做出规定。同时，合同中还应订立工业产权的保证、不可抗力和仲裁条款。

开展来料加工可以扩大就业，吸收先进技术，提高管理水平，同时还可以了解国外的市场信息。

企业在订立来料加工合同时，要明确如下几个问题。

（1）对开信用证是指交易双方互以对方为受益人而开立的两张信用证，两证互相联系、互相约束，例如，在来料加工中，规定外商以即期信用证支付成品价款，承接方则以远期信用证支付来料价款，远期付款期限略长于加工周期和成品收款时间。

（2）我国对从事来料加工（包括来件装配）的企业在银行信贷和税务稽核上都有相应的优惠政策。如因从事加工装配而需新建、扩建工厂或购买进口设备的企业，可申请短期低息贷款；进口原料和零部件以及出口的成品免征进口和出口税；加工所得收入三年内免征工商税、所得税或免除上缴利润等。

（3）来料加工业务虽然涉及原材料的进口和成品的出口，但并不属于货物买卖。

（4）来料加工业务涉及的保险包括原料运进和成品运出这两段运输险，以及货物加工期间存仓的财产险。中国人民保险集团股份有限公司为适应来料加工业务发展的需要，设立了来料加工一揽子综合险。投保这一险别后，保险公司即承担了两段运输险和存仓财产险。

关键点提示

来料加工合同应包括以下内容：

1.对来料（来件）的规定；2.对成品的规定；3.对工缴费标准的规定；4.对工缴费结算方式的规定。

2.22　如何订立补偿贸易合同

工作场景描述

当试图开展补偿贸易并着手订立相关合同时，可查看。

解读与分析

补偿贸易也是一种进口与出口相结合的贸易方式，通常做法是买方在信贷基础上提供技术设备，卖方不立即支付设备价款，而是在约定期限内用商品或劳务分期予以偿还。

补偿贸易的方式较多，有直接产品补偿（又称“返销”）、间接产品补偿（又称“互购”）和劳务补偿。直接产品补偿就是用进口设备或技术生产出的产品进行偿还，如引进采油设备，用所采石油偿还；间接产品补偿就是用与进口设备或技术无关的产品进行偿还，如引进生产钢管的设备，而用纺织品偿还；劳务补偿指对方代我方购进所需的设备或技术，货款由对方垫付，我方按对方要求加工生产后，从应收的工缴费中分期扣抵所欠款项。

信贷是补偿贸易的前提条件，而买方承诺回购对方的产品是补偿贸易的必备条件。

无论采用哪种方式，企业都要签订补偿贸易合同，合同的基本内容如下。

1. 对买方回购的规定

应明确回购产品的名称、规格、质量，回购产品的作价方法以及对回购产品销售地区的限制等。

2. 对进口设备及技术协助的规定

应明确设备名称、规格、性能和有关参数，设备的安装责任，买方应负责的技术协助和质量保证期等。如涉及专利或专有技术，合同还应明确规定设备供应方的有关保证，以减少以后产生纠纷的可能性。

3. 对信贷条件的规定

合同中应明确规定贷款金额、计价和结算货币、利率、偿还期限、偿还方式以及银行担保等内容。补偿贸易的款项支付可以采用对开信用证、汇付和托收等方式，但要注意先收后付。偿还期限原则上越短越好，但如果补偿产品行情较好，价格涨幅超过利率幅度，也可以将偿还期限规定得长一些。

补偿贸易可以在不动用现汇的情况下引进先进的技术、设备，因而被许多国家或地区所采用。但补偿贸易毕竟是一种涉及贸易、信贷和生产的交易，持续时间较长，因此有必要做好项目的可行性研究，正确处理补偿产品与正常出口的关系，原则上以不影响我国的正常出口为前提。

关键点提示

订立补偿贸易合同时应包括以下内容：

1.对买方回购的规定；2.对进口设备及技术协助的规定；3.对信贷条件的规定。

2.23　如何在进出口合同中正确订立商品的检验条款

工作场景描述

当对合同中商品检验条款的内容与表示方法模糊不清时，可查看。

解读与分析

进出口合同中列明的商品品质、重量、数量和包装等内容是商品检验的对象，而商品检验条款是检验的依据。如果规定在出口国或地区检验，那么，即使买方在收货后发现问题，一般也无权向卖方提出异议，因此对买方不利；相反，规定在进口国或地区检验，则对卖方较为不利。

一般来说，合同中的检验条款应包括以下内容。

1. 对检验时间和地点作出规定

一般可规定在出口国或地区产地或装运港（地）检验，在进口国或地区目的港（地）或最终用户所在地检验，也可以规定在出口国或地区检验、进口国或地区复验等。最后一种方法可以兼顾买卖双方的利益，比较常用。

在大宗商品交易检验中，通常将装运港（地）或装运地验货后出具的重量检验证书，作为卖方所交货物重量的最后依据；将目的港（地）检疫机构出具的品质检验证书，作为商品品质的最后依据。这种规定检验时间和地点的方法被称为“离岸重量、到岸品质”。

2. 对检验机构作出规定

我国的国家商品检验机构是国家出入境检验检疫局。

如果合同规定由其他检验部门进行商检，应选择符合下列条件的商检机构：

（1）该机构与买卖双方无利害关系；

（2）该机构要有足够的检验能力和设备；

（3）该机构声誉良好，办事公平合理。

3. 对检验证书作出规定

检验证书种类繁多，常见的有品质证书、数量证书、重量证书、产地证书、卫生证书，等等。企业在具体业务中究竟需要提供哪种证书，要根据商品的特性、种类、贸易习惯以及有关的法律法规而定。检验证书不仅是办理索赔和理赔的重要依据，而且有时是卖方办理货款结算的依据。

4. 对复验权的期限作出规定

复验权的期限关系到索赔的期限，如果规定进口商有复验权，而进口商没有在规定复验期内检验商品，即使以后发现商品有问题，也无权向出口商提出索赔，因此，应该在检验条款里对复验期限作出明确的规定。

在合同中对商品检验的有关内容做出明确规定，可以为买卖双方实际履约中可能发生的争议和索赔提供客观依据，因而是十分必要的。

复验期的长短应根据商品特性、检验所需时间和港口情况来定。

（1）对于农副产品等品质比较容易发生变化的商品，复验期可以短一些；对于五金、矿产等品质稳定的商品，复验期则可以长一些。

（2）对于检验程序简单的商品，复验期可以短一些；反之，则可以长一些。

（3）如果港口较拥挤、装卸速度较慢，商品的复验期可以适当长一些。

关键点提示

进出口合同的检验条款中一般应包括如下内容：

1.对检验时间和地点作出规定；2.对检验机构作出规定；3.对检验证书作出规定；4.对复验权的期限作出规定。

2.24　如何在进出口合同中正确订立索赔条款

工作场景描述

当对合同中索赔条款的内容与表示方法模糊不清时，可查看。

解读与分析

国际贸易实践中，受损方有权对违约方提出索赔。双方应根据交易的具体特点在合同中规定索赔的内容。一般的货物买卖只订立异议与索赔条款即可，而对于大宗商品和机械设备，还要加订罚金条款。

一般来说，合同中的索赔条款应包括如下内容。

1. 索赔依据

提出索赔要有两种依据，一是法律依据，二是事实依据。法律依据就是进出口买卖合同以及合同适用的法律或惯例；事实依据就是证明对方违约的文件和出证机构。例如，双方可以约定，有关品质方面的不符之处，买方要凭某商检机构出具的检验证明向卖方提出索赔。

2. 索赔期限

受损方向违约方提出索赔的时限，应在合同中订明。如果索赔超出此期限，违约方可以不予受理。

3. 索赔金额

由于违约的情况比较复杂，在订立合同时，对于违约所造成的损失程度难以确定，因此企业可以只对索赔金额做原则性规定，当违约情况发生时，双方再具体商议。

4. 罚金或违约金条款

在大型机械设备的进出口交易中，可能会遇到卖方延期交货或买方延期付款的情况。为了预防违约情况的发生，买卖双方一般都要订立一则惩罚性条款，即罚金或违约金条款。罚金的多少，一般与违约时间的长短相关，并按合同金额的百分比来确定。在违约方支付罚金后，不能免除其继续履行合同的义务。

罚金和赔偿损失有所不同，前者不以造成损失为前提，只要违约事实存在，无论是否发生实际损失，守约方都可以要求支付罚金；而后者既需要违约事实的存在，还需要有违约所造成的直接损失才可以提出。

在合同中对索赔问题做出相应的规定，相当于为日后可能发生的争议和索赔提供切实可行的依据，这对于保证合同当事人及时、顺利履约是至关重要的。

关键点提示

进出口合同的索赔条款中一般应包括如下内容：

1.索赔依据；2.索赔期限；3.索赔金额；4.罚金或违约金条款。

2.25 如何在进出口合同中正确订立定金条款

工作场景描述

当对合同中定金条款的内容与表示方法模糊不清时，可查看。

解读与分析

为了促使合同双方自觉履行合同义务，还可以采取定金制度，即一方当事人预先付给另一方当事人一定数额的定金。定金是履约的保证金，如果支付定金的一方违约，就损失了定金；如收取定金的一方违约，则除返还定金外，还要付给对方同等数额的罚金。

企业在订立定金条款时应把握以下几点。

1. 区分定金与预付款的性质和作用

预付款是预先付给对方的款项，用来作为对方履行义务时的部分费用，不是为合同履行设立的担保。

在大型机械设备的交易中，买卖双方通常会约定：在合同生效后n天内买方支付一定比例的合同金额给卖方。这笔款项就是预付款，它支付的是合同货款的一部分。如果接受方不履约，只需将预付款原数退还，而不像定金那样必须双倍返还。在订立合同时不能将二者混淆。

2. 定金条款的规定要明确、合理

定金条款要对定金数额、定金支付时间和方式、合同如约履行后定金的处理，以及当事人一方不履行合同时定金的处理方式等做出明确规定。通常，在合同依约履行后，定金可以返还，也可抵作货款而不直接返还。

3. 定金在同时订有违约金条款的合同中的适用情况

合同中同时规定有违约金和定金的情况下，如果合同一方违约，另一方只能选择其中之一适用，而不能同时适用。恰当地运用定金条款，对提高履约率、减少贸易纠纷和解决争议都有重要的意义。

关键点提示

企业在合同中订立定金条款时，要注意以下几点：

1.区分定金与预付款的性质和作用；2.定金条款的规定要明确、合理；3.定金在同时订有违约金条款的合同中的适用情况。

2.26　如何在进出口合同中正确订立不可抗力条款

工作场景描述

当对合同中不可抗力条款的内容与表示方法模糊不清时，可查看。

解读与分析

按照国际惯例，如果合同当事人因为某种人力不可抗拒的因素而未能履约，可以免除其未能履行合同的责任或延迟履行合同，这就是不可抗力条款。企业要高度重视不可抗力条款的作用，维护自己的正当权益。

企业在进出口合同中订立不可抗力条款时，应注意以下几点。

1. 明确不可抗力事故成立的条件

在国际贸易中，不同法律对不可抗力的确切含义在解释上并不统一，但原则大体相同，其成立的条件包括：意外事故必须发生在合同签订以后；不是因为合同当事人自身的过失而导致的；意外事故是双方当事人不能控制的，无能为力的。

2. 合理确定不可抗力事故的范围

不可抗力事故多种多样，但并不是所有的自然原因或社会原因引起的意外事件都属于不可抗力。企业在规定不可抗力事故的范围时，可以概括规定或具体规定，也可以综合规定。一般来说，综合式的规定既明确，又有一定的灵活性，比较可取。

不可抗力事故范围的规定可采取以下三种方法。

（1）概括规定。不具体订明哪些事件是不可抗力事故，只是笼统规定。例如，由于公认的不可抗力的原因致使卖方不能交货或延迟交货，卖方不负责任。此种规定较易引起争议。

（2）具体规定。明确列出哪些是不可抗力事故。如规定因战争、封锁、政府禁令、罢工、天灾、恶劣气候而导致货物全部或部分未能交付，卖方不负责任。若采用此种规定，凡合同中没有列明的，均不能作为不可抗力事故。

（3）综合规定。需列出经常可能发生的不可抗力事故，再加上“以及装船前其他任何卖方无法控制的事故”或“双方同意的其他不可抗力事故”等文句。这种方法应用较多。

3. 明确规定不可抗力事故的法律后果

不可抗力的后果有两种：解除合同和延期履行合同。究竟如何处理，应根据事故原因、性质、规模及其对履行合同产生的实际影响来确定。

4. 明确规定不可抗力事故的证明机构和通知期限

发生不可抗力事故的一方应在一定时间内通知对方，并出具指定机构出具的不可抗力事故证明书。对方在接到通知后应及时答复，如有异议也应及时提出。我国通常由中国国际贸易促进委员会出具不可抗力事故证明，国外则由当地的商会或法定公证机构出具。另外，企业也可采用权威媒体对该不可抗力事故的报道作证明。

在合同中订立不可抗力条款，对于正确界定合同双方的责任是必不可少的。

关键点提示

企业在进出口合同中订立不可抗力条款时，应注意以下几点：

1.明确不可抗力事故成立的条件；2.合理确定不可抗力事故的范围；3.明确规定不可抗力事故的法律后果；4.明确规定不可抗力事故的证明机构和通知期限。

2.27　如何在进出口合同中正确订立仲裁条款

工作场景描述

当对合同中仲裁条款的内容与表示方法模糊不清时，可查看。

解读与分析

国际贸易情况复杂多变，即使双方订立的合同周密、严谨，也难以完全避免争议的发生。发生争议时，国际上通常的做法是双方首先进行协商，协商不成时，一般会采用仲裁的方式解决争议。仲裁的优势在于其能公正、迅速地解决争议，同时以具有灵活性、保密性、终局性和裁决易于执行等特点而多为当事人所选用。

制订进出口合同中的仲裁条款时应注意以下内容。

1. 明确仲裁地点

由于不同国家或地区的仲裁法规有所不同，对当事人双方的权利、义务的解释会有所差别，仲裁结果也会不同。当事人往往对自己国家的仲裁制度比较熟悉，语言上也没有障碍，因此，买卖双方通常都会争取在本国进行仲裁，有时也会协商在第三国仲裁。这就使得仲裁地点的选择成为制订仲裁条款时首先需要考虑的问题。

企业在选择仲裁地点时，应把握以下原则。

（1）企业应尽量争取在我国进行仲裁。

（2）企业如果不能争取在我国仲裁，也可根据对方国家或地区的情况，规定在被诉方所在国家或地区仲裁。我国企业与日本订立的进出口合同通常采用这种条款。

（3）企业也可以考虑在与我国关系友好，具备仲裁能力，而且有关法律较为公正的第三国进行仲裁。我国企业与西欧国家或地区及美国订立的大型设备进口合同，很多都是采用这种条款。

2. 明确仲裁机构

我国常设的仲裁机构主要是中国国际经济贸易仲裁委员会和中国海事仲裁委员会。进出口合同如果规定在中国仲裁，一般都订明由中国国际经济贸易仲裁委员会进行仲裁。

3. 明确仲裁规则

各国仲裁机构都有自己的仲裁规则，但并非所有的仲裁规则和仲裁地点都完全一致。进出口合同如果规定在中国仲裁，一般都约定适用《中国国际经济贸易仲裁委员会仲裁规则》。

4. 明确仲裁裁决的效力

仲裁裁决的效力应该是终局性的，对双方当事人均有约束力，双方都必须执行裁决，任何一方都不能向法院起诉要求变更。目前，从国际仲裁的实践来看，当事人不服裁决诉诸法律的仅限于有关程序和手续方面的问题，对裁决本身是不得起诉的。

5. 要明确仲裁费用由哪方承担

通常仲裁条款规定仲裁费用由败诉方承担，也有的规定为由仲裁庭酌情决定。

仲裁不同于诉讼，诉讼无须事先征得对方同意，任何一方均可向法院起诉；而仲裁必须先由双方当事人达成仲裁协议，否则仲裁机构不予受理。

总之，仲裁条款应尽量订得具体明确，以便企业在需要时能有据所依。

关键点提示

进出口合同中的仲裁条款应包括以下内容：

1.明确仲裁地点；2.明确仲裁机构；3.明确仲裁规则；4.明确仲裁裁决的效力；5.要明确仲裁费用由哪方承担。

第3章

国际贸易货品运输工作常见问题

在国际贸易中，由于长途运输而使货物发生残损、短少甚至灭失的情况屡见不鲜，而对货物的品质、数量、质量和包装等方面产生争议的情况也比比皆是。为了便于查明货损原因，确定责任归属，就需要专业的检验机构对货物及时进行检验与鉴定。同时，由于国际市场千变万化，如出现对合同一方当事人不利的变化，就可能导致其不能履约，并给另一方当事人造成损害，从而引起争议。因此，交易双方应对交易商品的检验和可能发生的争议事先做出安排，并在合同中正确订立检验和争议处理条款。

3.1 如何选用适当的进出口商品包装

工作场景描述

当对运输包装和销售包装的材料、形式以及包装上的标志不明确时，可查看。

解读与分析

在国际贸易中，一方面商品需要远渡重洋，有时还要中途转运，因而装卸次数多，运输时间长；另一方面，不同国家、不同市场对商品包装有着不同的偏好与要求。因此，企业了解如何选择适当的运输包装（大包装或外包装）、销售包装（小包装或内包装）以及如何在包装上印制运输标志，是很有必要的。

一些国家不允许进口运输包装不符规定的商品。例如，英国严格限制玻璃、陶瓷之类的进口包装；美国、日本、加拿大、菲律宾、新西兰等国禁止用稻草、报纸做包装衬垫；一些中东国家则要求进口货物必须采用集合包装，否则不准停泊卸货。

1. 选择具有适货性、适航性的运输包装

运输包装首先必须适应商品的特性。例如，水泥怕潮，玻璃制品易碎，流体货物易渗漏流失，这些货物的运输包装应该相应具有防潮、防震、防漏、防锈等功能。运输包装还应适应不同的运输方式。例如，海运包装要求牢固，并具有防止挤压和碰撞的功能；铁路运输包装要求不怕震动；航空运输包装则要求轻便，不能过大。

2. 在运输包装上印制有关运输标志

货物包装完毕后，要在运输包装上印制运输标志，即俗称的“唛头”。这种标志有助于人们识别货物，可以防止错发错运，便于收货人收货。其内容一般包括目的地名称代号、收发货人代号、件号以及批号等。目前，根据国际标准化组织（ISO）的建议，标准运输标志分为4行，内容包括：收货人或买方名称的英文缩写；参考号，如运单号、订单号或发票号；目的地；件号。每行的字母和数字不得超过17个，不得添加任何

图形。

有些商品的运输包装上还可印制指示性标志和警告性标志。前者主要出现在易碎、易损坏、易变质的商品包装上，提醒操作人员注意；后者则主要出现在易燃、易爆、有毒和有放射性等危险品的运输包装上，提醒有关人员不得掉以轻心。运输标志印制的部位要得当，应在每件包装相对应的两个侧面上印制相同的标志，并且不要加任何广告宣传文字和图案。

3. 选择便于陈列展销、识别和使用的销售包装

许多商品都要陈列在货架上，以供顾客选购，因此，这种商品的包装必须适于陈列展销。堆叠式包装、悬挂式包装和展开式包装等，都具有良好的展销效果。

采购商品时，顾客一般希望了解商品的形态、外观和质量。因此，采用某些透明材料做包装，或在销售包装上辅以醒目的图案和文字，会使顾客对包装内的商品有所了解，或者见到包装就能辨别出商品的种类。

4. 在销售包装上使用文字和装饰图案

不同国家和民族的人民，对图案和色彩的喜好不同。例如，日本人喜爱鸭子，忌讳荷花；意大利、爱尔兰等国人民喜欢绿色，日本、泰国、委内瑞拉人民则厌恶绿色；英国人认为象的图形不吉利，东南亚国家的人民则喜爱大象。因此，企业在设计销售包装上的图案时，应注意这些问题，以便不断扩大出口。

在销售包装上应有必要的简明文字，如品名、品牌、产地、规格、数量、成分和用途等，一般还要附有装饰图案来突出商品特点。这里应注意有关国家的标签管理条例的规定。例如，日本规定进口药品必须说明成分、服用方法和功能，美国政府对药品也有类似规定；瑞士规定衬衣上必须有洗涤、熨烫的图示等。此外，有些国家甚至对文字说明所使用的语种也有规定，如科威特规定进口食品包装上必须用阿拉伯文说明生产日期和有效期，加拿大规定包装上必须有英、法两种文字。

适当的进出口商品包装不仅可以保护商品，便于运输，而且可以吸引顾客，拓宽销路，提高售价。

关键点提示

选用适当的进出口商品包装时，企业要注意以下几点：

1.选择具有适货性、适航性的运输包装；2.在运输包装上印制有关运输标志；3.选择便于陈列展销、识别和使用的销售包装；4.在销售包装上使用文字和装饰图案。

3.2　如何选择恰当的商品运输方式

工作场景描述

当在订立合同的过程中对商品运输方式难以选择时，可查看。

解读与分析

国际货物运输的主要方式有海洋运输、铁路运输和航空运输等，具体到每笔业务究竟采用何种方式，买卖双方应结合商品的特点、数量、包装、港口条件等因素加以确定。下面是国际贸易中常用的几种运输方式。

1. 班轮运输

海洋运输的基本特点是运量大、运费低，但速度较慢。作为海洋运输的主要方式之一，班轮运输有着以下特点。

（1）四固定：固定航线、固定船期、固定停靠港口和相对固定的运费率。

（2）船方管装管卸，装卸费包括在运费中。

（3）船货双方的权利、义务与责任豁免，以船方签发的提单条款为依据。

（4）可承运商品的数量、品种灵活，除一般货物外，还可接运散装、冷冻易腐、液体和危险品等货物。既接运大宗货物，也接运零星货物。

班轮运输的优点如下。

（1）适于一般的杂货和小批量货物运输。

（2）便于买卖双方按照船期表来商定装运期和装卸港，并且运费也可以按照运费表事先估算出来。

（3）船的质量和停靠港口的条件较好，可以较好地保证货物安全。

（4）一般在码头仓库交接货物，对货主来说很方便。

2. 租船运输

租船运输是海洋运输的重要方式之一。租船运输中，货主可以用在租船市场上通过商洽、签约向船东租的船舶来运送货物，租期届满后，租船人将船还给船东。租船有两种方式，一是定程租船（又称程租船或航次租船）是按一定航程来租赁的；二是定期租船，是按一定期限来租赁的，租船人在租赁期限内负责安排调度和经营管理。

对于租船运输方式，企业应当了解以下内容。

（1）租船运输无固定航线、无固定港口、无固定船期，而是根据船租双方签订的租船合同来安排。

（2）租船运输无固定运价，而是由双方根据租船的行市在租船合同中订明。

（3）租船运输适宜运送大宗低值货物，如粮食、矿砂、水泥等。

（4）如果采用定程租船，货物的装卸费用是由船方还是货主承担，应在租船合同中做出具体规定。

定程租船中，对于装卸费用如何承担，主要有以下几种做法。

（1）船方管装管卸，即船方负担装卸费，又称"班轮条件"，这种做法多用于木材和包装货物的运输。

（2）船方管装不管卸，即船方只负担装货费。

（3）船方管卸不管装，即船方只负担卸货费。

（4）船方装卸都不管。

我国对外租船时多采用船方装卸都不管的方式。

3. 国际铁路货物联运

企业若采用国际铁路货物联运方式运送货物，就要与有关当事国事先进行书面约定。因为这种运输方式使用一份统一的国际联运票据，由铁路负责经过两国或两国以上铁路的全程运送，并由一国铁路向另一国铁路移交货物，所以无须发货人和收货人参与移交。

目前，我国对朝鲜、俄罗斯的大部分进出口货物以及东欧一些国家或地区的小部分进出口货物，采用国际铁路货物联运的方式运送。

4. 航空运输

对于航空运输，企业应当了解以下内容。

（1）航空运输速度快，对运输易腐、鲜活商品和季节性商品来说，尤为适宜。

（2）航空运输质量高，货物损耗较低，对运输精密仪器和贵重物品来说，很适宜。

（3）航空运输不受地面条件限制，能将货物准确运往世界各地。

（4）由于航空运输在途时间短，对商品保管周到，因而可节约包装、保险以及利息费用。

5. 国际多式联运

国际多式联运以集装箱为媒介，将海、陆、空各种传统的单一运输方式有机结合起来，并且全程运输只使用一份联运单据，实行全程单一运费费率。这种运输方式手续简便、中间环节较少，因此，速度较快，货运质量也较高。

班轮运输、租船运输、国际铁路联运、航空运输和国际多式联运是目前国际贸易中常见的运输方式，它们都有着各自的优缺点，适用于不同种类和性质的货物运输。在实际业务当中，企业应结合具体的货物条件和贸易条件加以选用。

关键点提示

企业在选择货物的运输方式时，可参考以下几点：

1.班轮运输具有“四固定”的特点，对运输各类货物都适宜；2.租船运输主要适用于大宗低值货物；3.国际铁路货物联运主要适用于同朝鲜、俄罗斯等国家或地区的贸易；4.航空运输速度快，主要适用于运输鲜活物品和贵重物品；5.国际多式联运速度较快，手续也很简便，是比较先进的运输方式。

3.3 如何规定商品装运时间

工作场景描述

当对商品装运时间和分批装运的规定方法及技巧不熟悉时，可查看。

解读与分析

装运时间又称装运期，是指卖方将合同规定的货物装上运输工具或交给承运人的期限。卖方如果未按规定时间交付货物，买方有权拒收，解除合同，并要求损害赔偿。因此，企业对装运时间的规定应有一个较大的时间跨度，而不能规定具体日期，这样才有回旋余地。

企业规定期限的方法通常有以下几种。

1. 规定具体的装运期限

企业可以规定最迟装运期限、规定在某月装运，也可以规定跨月装运等。

2. 规定收到信用证后一定时间内装运

对外汇管理较严的国家或地区，或成交商品的规格、花色在别的市场难以销售的，企业可以采用这种规定。采用此种规定时，通常将装运时间规定为收到信用证后的25至45天，而对于特殊商品，要视货源情况而定。另外，企业还要注意同时约定买方最迟的开证日期，避免发生因买方延迟开证而使卖方延误装运期的情况。

3. 规定收到信汇、电汇、票汇后一定时间内装运

在卖方已经备齐货物随时可以发运的情况下，企业可以采取此种规定。

4. 正确使用装运术语

立即装运、尽快装运等术语，往往是在卖方备有现货、买方要货情况下使用。国际上对这类术语没有统一解释，因此，除买卖双方已有共识外，应避免使用。

在货物数量较多、车船紧张、港口条件差的情况下，经常需要将货物分批装运。《跟单信用证统一惯例》对于分批装运有以下几条原则性规定。

（1）如果信用证没有禁止分批，应视为可以分批装运。

（2）如果信用证仅注明允许分批，而未具体规定每一批的具体数量，应视为可以全数装运，也可以分批装运，每批数量不限。

（3）凡同一船只、同一航次的多次装运，即使运输单据上出单日期或装运港口不同，也不视为分批装运。

（4）对于分批装运的货物，如果其中任何一批未按时完成装运，则该期和以后各期均告失效。

关于装运时间，企业应根据货源情况、运输情况、季节状况、市场情况和商品本身的情况来具体订明。

关键点提示

企业可以采用以下几种方法来规定装运时间：

1.规定具体的装运期限；2.规定收到信用证后一定时间内装运；3.规定收到信汇、电汇、票汇后一定时间内装运；4.正确使用装运术语。

3.4 如何规定商品装运港（地）和目的港（地）

工作场景描述

当对商品装运港（地）、目的港（地）以及转船的规定方法及技巧不熟悉时，可查看。

解读与分析

交货地点一般就是货物风险的转移分界点，它可以分为两大类：一类是在装运港（地）交货，另一类是在目的港（地）交货。企业采用不同的合同，面对的情况也会有所不同。E组和D组术语不涉及运输，买卖双方责任以交货地点（货物所在地、目的港或目的地）为界；而F组和C组术语由于涉及运输，通常在合同中对装运港（地）和目的港（地）都要作出规定。

合同中规定有多个目的港（地）时，应同时对买方最终确定目的港（地）的时间作出规定，而运费应按所列港口中最高的费率计算。

1. 装运港（地）的规定

装运港（地）一般是卖方提出，经买方同意后确定。合同中可以具体规定一个装运港（地），也可以规定两个以上甚至某一航区为装运港（地），供最终选择。企业规定装运港（地）时应注意以下几点。

（1）选择与货源集中地靠近的装运港（地）。

（2）对有重名的港口应注明国别或地区。

（3）选择交通方便、费用低、存储方便的装运港（地），最好选择海轮能直接到达的港口。

（4）如果交货量较大或交货地点不在一处，应选择两个或两个以上的装运港（地），或规定一个航区，以方便装卸货。

（5）不能接受与我国没有贸易往来的国家或地区的港口作为装运港。

2. 目的港（地）的规定

目的港（地）一般由买方提出，经卖方同意后确定。合同中可以具体规定一个目的港（地），也可以规定两个以上甚至某一航区为目的港（地），供双方最终选择。企业规定目的港（地）时应注意以下几点。

（1）对于航次较少或无直达航线的港口，应指明允许转运。转运是指货物从装运港（地）到目的港（地）的运输过程中，从一种运输工具（方式）转至另一种运输工具（方式）。对于无直达船、无固定船期或航次较少的目的港（地），通常需要将货物进行转运。对此，如果信用证没有禁止，就视为可以转运。

（2）对有重名的港口应注明国别或地区。

（3）不要轻易接受“欧洲主要港口”“非洲主要港口”作为目的港，因为国际上对此无统一标准，而且各洲的海岸线都特别长，不同港口的装卸条件、运费相差很大。如签订合同时明确规定目的港（地）有困难，也应在开立信用证时确定具体目的港（地）。

（4）对于多个目的港（地），所选港口不得超过三个，而且都应是同一条航线上的基本港口。

（5）对于内陆国家或地区，一般应选择距离该国最近的港口。

（6）不接受与我国没有贸易往来的国家或地区的港口作为目的港（地）。

（7）不接受不安全的目的港（地），如疫区或战区等。对于季节性港口，应避开冰冻期、雨季、季风等季节。

企业要充分掌握全球各地的气候地理环境信息例如欧洲北纬59° 22'以北的港口每年12月15日至次年4月15日，北纬63° 06'以北的港口每年11月15日至次年5月5日均为冰冻期；加拿大东海岸，除了圣约翰斯港和哈利法克斯港外，每年11月至次年4月为冰冻期；意大利西西里岛的港口，如杰拉港每年11月至次年3月为季风季节，风大浪急，港口无法装卸。

适宜的装运港（地）和目的港（地），往往会给货物的出运和接收带来极大的方便，从而为买卖双方的顺利履约创造良好的条件。

关键点提示

企业在选择装运港（地）和目的港（地）时，应注意以下两点：

1.装运港（地）的规定；2.目的港（地）的规定。

3.5　如何选择海洋运输货物保险

工作场景描述

当为进出口商品选择海洋运输货物保险的险别时，可查看。

解读与分析

进出口交易中的货物在海洋运输过程中，可能遇到种种自然灾害、意外事故及其他外来风险，为了转嫁这种风险损失，企业就需要办理海洋运输货物保险。

根据中国人民保险集团股份有限公司制订的中国保险条款（CIC）规定，我国海运货物保险的险别分为基本险和附加险，后者又可分为一般附加险和特殊附加险，下面一一进行说明。

在海洋运输货物保险中，自然灾害和意外事故有其特定含义，前者仅指恶劣气候、海啸、地震、洪水、火山爆发及浪击落海等；后者主要是指船舶搁浅、沉没、触礁、焚毁、互撞、遇流冰或船舶失踪等。

1. 基本险别

中国人民保险集团股份有限公司规定的基本险别包括平安险（FPA）、水渍险（WA或WPA）和一切险（All Risks）。

（1）平安险。平安险的承担责任范围如下。

①在运输途中由于自然灾害造成整批货物的实际全损或推定全损。被保险货物用驳船运往或远离海轮的，则每一驳船所装货物视作一个整批。

②由于交通工具发生意外事故所造成的货物全部或部分损失。全损即全部损失，包括实际全损和推定全损，它与部分损失相对应。其中，实际全损指货物全部灭失、或完全变质、或不可能归还保险人；而推定全损则是指货物受损后，完全灭失是不可避免的，或者为避免实际全损所需支付的费用与继续将货物运抵目的地的费用之和超过保险价值。

③在交通工具已经发生搁浅、触礁、沉没、焚毁等意外事故之前或之后，在海上遭受恶劣天气、海啸等自然灾害而造成的部分损失。

④在装卸或转运过程中一件或数件货物落海所造成的全损或部分损失。部分损失包括共同海损和单独海损，前者是指在海洋运输中，船舶、货物和其他财产遭遇风险，为了共同安全，有意采取合理措施所直接造成的特殊牺牲和支付的特殊费用；后者是指仅涉及船舶或货物所有人单方面利益的损失。

⑤发生承保责任内的危险时，被保险人对货物采取抢救、防止或减少货物损失的措施所支付的合理费用，但以不超过该批被毁货物的保险金额为限。

⑥运输工具遭遇海难后，在避难港由于卸货引起的损失，以及在中途港、避难港由

于卸货、存仓以及运送货物所产生的特殊费用。

⑦共同海损的牺牲、分摊和救助费用。

⑧如运输契约中订有“船舶互撞责任”条款，则根据该条款应由货方偿还船方的损失。

（2）水渍险。水渍险的承保责任除包括平安险的各项责任外，对于因自然灾害，如恶劣气候、海啸、洪水、地震等所引起的部分损失（包括单独海损）也负责赔偿。

共同海损和单独海损的区别如下。

①造成海损的原因不同。共同海损不是由于承保风险直接造成的损失，而是在船、货及其他财产遭受共同风险时，为了解除或减轻这种危险，人为地造成的一种损失；而单独海损则是由于承保风险直接导致的船、货损失。

②承担损失的责任不同。共同海损的损失，由受益各方按照受益比例共同分摊；而单独海损的损失一般由受损方自行承担。

（3）一切险。一切险的承保责任除包括平安险和水渍险的各项责任外，对被保险货物在海运途中由于一般外来原因遭受的全部损失和部分损失，也负责赔偿。这里的一般外来原因有偷窃、短量、雨淋、渗漏、破碎、玷污、受热、受潮、串味、钩损及锈损等，不包括特殊原因如罢工和战争等引起的风险。

2. 一般附加险

一般附加险不能作为一个单独的项目投保，而只能在投保平安险或水渍险的基础上，根据货物特性来加保一种或者几种。如果在水渍险的基础上加保所有的一般附加险，就成为投保一切险。

一般附加险的承保责任包括一般外来原因造成的全部损失和部分损失。一般附加险共有11种，分别是：偷窃提货不着险、淡水雨淋险、短量险、玷污险、渗漏险、碰损破碎险、串味险、受热受潮险、钩损险、包装破裂险及锈损险等。

3. 特殊附加险

特殊附加险也不能作为一个单独的项目投保，而只能在投保平安险、水渍险或一切险的基础上来加保，它的承保责任包括特殊外来原因造成的全部损失和部分损失。特殊附加险包括战争险、罢工险和其他特殊附加险，如舱面险、黄曲霉素险等。

在上述各种保险险别中，基本险和一般附加险保险责任的起讫，主要采用“仓至仓”条款，即保险责任从被保险货物离开保险单上所载明的起运地仓库或储存处所开始生效，包括正常运输过程中的海上、船上、内河和驳船运输在内，直至货物运抵保险单所载明的目的地收货人的最后仓库或储存处或被保险人用作分配、分派或非正常运输的其他储存处所为止。如果未抵达上述仓库或储存处，则以被保险货物最后到达卸载港、卸离海轮后满60天为止。但是战争险的责任起讫不采取“仓至仓”条款，而是从货物装上海轮开始至货物运抵目的港卸离海轮为止，即只负责水面风险。

除了这些风险和损失外，货物在海运途中还可能遭受其他损失，如自然损耗、由于货物内在缺陷造成的货损以及被保险人（或发货人）故意或过失造成的损失等，这些损失不在保险公司承保范围之内。

关键点提示

中国人民保险公司海运货物保险的险别主要有：

1.基本险：平安险、水渍险和一切险；2.一般附加险；3.特殊附加险。

3.6 如何进行班轮运输管理

工作场景描述

当要了解如何进行班轮运输管理时，可查看。

解读与分析

海洋运输是国际上货物运输的主要方式，目前国际货物总运量的75%以上是通过海洋运输来完成的。海洋运输可以分为班轮运输和租船运输。班轮运输是指船舶在特定的航线和固定的港口之间，按事先公布的船期表进行有规律的、反复的航行，以从事货物运输业务并按事先公布的费率收费的一种运输方式。

1. 如何组织班轮运输

海运出口货物班轮运输的程序：签订贸易合同—开立信用证—备货—办理出口手续—订舱、配载—保险—装运准备—装船—制单—结汇。企业应按上面的顺序组织出口货物的班轮运输，具体如下。

①签订贸易合同：买卖双方首先要签订贸易合同，然后双方必须根据合同的规定履行各自的义务。

②开立信用证：这是国际货物运输过程中至关重要的环节。

③备货：卖方根据贸易合同和信用证的规定，按时、按质、按量备妥合同约定的货物。

④办理出口手续：货物备妥后，买方需办理货物出口有关手续，如出口许可证、配额许可证、商检证书、危险品包装鉴定使用证书和出口货物报关单等。

⑤订舱、配载：订舱、配载是国际货物运输中的重要环节。订舱是指发货人向班轮公司或其代理申请货物运输，洽商预定船舶舱位的行为。船运公司接受订舱并按订舱的货物要求，配定合适的船舶的行为，称为配载。

⑥保险：货物配载后，托运人根据船名、船期、航线等有关事项向保险公司办理出口货物运输保险，并取得保险单。

⑦装运准备：在船舶到达之前，船运公司必须做好一系列装船准备工作。

⑧装船：在班轮运输情况下，承托双方的责任一般是以船边为界，即船运公司的责任与风险是从装船开始的，但目前的一般做法是由托运人将货物送至船运公司或其代理码头仓库，再由船运公司集中装船。装货时，船方一般需指派理货公司代表船运公司负责理货装船工作。货物装船，如实载数量等与理货单核对无误，船方即出具收货单，托运人凭收货单向船运公司换取正式提单。

⑨制单：卖方根据贸易合同和信用证规定要求备齐必要证件。一般需要商务票据、运输单据和保险单。

⑩结汇：卖方最后向银行提供全部必要单证，银行审核无误后给予收单结汇，全部单证由出口地银行转至对方开证银行，由其通知买方（或收货人）付款赎单。

2. 如何进行班轮运费管理

（1）班轮运输通常采用以下几种计费方式。

①按货物毛重计收，故称重量吨，运价表内用“W”表示。

②按货物的体积/容积计收，故称尺码吨，运价表中用“M”表示，重量吨和尺码吨统称运费吨。运费吨是指据以计收运费的吨数。

③按重量或体积计收，由船运公司选择其中收费较多的作为计费吨，运价表中以“W/M”表示。

④按商品价格计收，即称从价运费，运价表内用A.V或“Ad.Val”表示。从价运费一般按货物的FOB价格的百分之几收取。

⑤在班轮运价表中还有下列标志：“W/M or Ad.Val”或者“W/M Plus Ad.Val”，前者表示运费按照货物重量、体积或价值三者中收费较高者计算运费；后者表示先按货物重量或体积中价高者计收，然后另加一定百分比的从价运费。

⑥按货物的件数计收，一般只对包装固定并且包装内的数量、重量、体积也是固定不变的货物，才按每箱、每捆或每件等特定的运费额计收。

⑦由货主和船运公司临时议定，这种方法通常适用于承运粮食、豆类、矿石、煤炭等运量大、货价较低、装卸容易、装卸速度快的农副产品和矿产品。

（2）如何计算运费：班轮运费包括基本运费和附加运费两部分，前者是指货物从装运港到卸货港所应收取的基本运费，它是构成全程运费的主要部分；后者是指对一些需要特殊处理的货物，或者由于突发事件的发生或客观情况的变化等原因而需要另外加收的费用。附加费名目繁多，通常有超重附加费、超长附加费、选港附加费、直航附加费、转船附加费及燃油附加费等。其计算公式为：

运费=基本运费+附加费=运费吨×基本运费×（1+基本费率）

（3）海运进口货物班轮运输程序：签订贸易合同——开立信用证——订舱——保险——审单——报关——提货——检验与索赔，具体做法如下（前四个程序与出口运输程序的具体做法基本相同，这里不再赘述）。

①审单：买方收到卖方通过银行转过来的全套单证后，须逐一核对审查，与此同时应密切掌握船舶动态并做好接货准备。

②报关：进口货物必须向海关办理报关手续，经海关验收放行并照章纳税后，才能提货。

③提货：收货人凭提单从船运公司仓库提取货物。

④检验与索赔：货物交接时，如发现有缺损，需要及时向船方或仓库办理有效证明，做好验残验短工作，取得有关证明文件并由有关机构提供证明。

关键点提示

要想更好地进行班轮运输管理，企业应了解以下两点：

1.如何组织班轮运输；2.如何进行班轮运费管理。

3.7　如何进行租船运输管理

工作场景描述

当要了解如何进行租船运输管理时，可查看。

解读与分析

租船运输又称不定期船运输，是相对于班轮运输即定期船运输而言的另一种远洋船舶营运方式。它和班轮运输不同，既没有预先制订的船期表，也没有固定的航线，停靠港口也不固定，同时无固定的费率。船舶的营运是根据船舶所有人与需要船舶运输的货主双方事先签订的租船合同来安排的，企业组织出口货物的租船运输时，具体步骤如下。

1. 选择租船运输方式

租船运输方式有定程租船、定期租船和光船租赁三种方式。

（1）定程租船是船舶所有人负责船舶，在指定港口之间进行一个航次或数个航次，由承运人指定货物的租船运输方式。定程租船以其租赁方式不同可分为单程租船、来回航次租船、连续航次租船等。

（2）定期租船是船舶所有人出租给租船人，供其使用一定时期的租船运输方式。

（3）光船租赁是指只租船，不带船员，在租船期内，由租船人配备全套人员，支配船舶进行经营管理和航行的租船运输方式。

定程租船和定期租船有以下差异，企业在选择时要注意以下几点。

①定程租船是按航程租用船舶，而定期租船是按期限租用船舶。

②定程租船是由船方直接负责船舶的经营管理，租船方除了负责船舶的航行、驾驶和管理外，还应对货物运输负责。定期租船的船方，仅对船舶的维护、修理、机器正常运转、船员工资和给养负责，关于船舶的调用、货物的运输、船舶在租期内的营运管理和日常开支费用则由租船方负责。

③定程租船的租金或运费，一般按装运货物的数量计算；而定期租船的租金或运费一般是按租期载重吨或每日租金额计算。

④采用定程租船时，要规定装卸期限和装卸率，据此计算滞期费和速遣费；而采用定期租船时，则不规定装卸期限和装卸率。

2. 组织租船运输

租船程序和手续与国际贸易大同小异，需要租方和船方之间通过一定的形式提出自己的条件，经过反复洽商，最后达成租船交易。一般要经过询盘、发盘、还盘、受盘和签约几个环节，经双方讨价还价，最后达成交易，签订租船合同。

（1）询盘阶段的管理。询盘又称询价通常是指承租人根据自己对货物运输的需要或对船舶的特殊要求通过租船经纪人在租船市场上租用船舶，主要以电报或电传等书面形式提出。承租人的条件一般应包括：需要承运的货物种类、数量、装货港和卸货港、装运期限、租船方式或期限、期望的运价（租金）水平以及所需用船舶的详细说明等内容。询盘也可以由船舶所有人为承揽货载而首先通过租船经纪人向租船市场发出，由船舶所有人发出的询盘内容应包括：出租船舶的船名、国籍、船型、船舶的散装和包装容积、可供租用的时间以及希望承揽的货物种类等。

（2）租船报价管理。报价又称发盘，其主要内容除对询盘的内容做出答复和提出要求外，还包括关于租金（运价）的水平和选定的租船合同范本及对范本条款的修改、补充。报价有“硬性报价”和“条件报价”之分，“硬性报价”是报价条件不可改变的报价，询价人必须在有效限期内对报价人的报价做出接受订租的答复，超过有效期，这一报价即告失效；与此相反，“条件报价”是可以改变报价条件的报价。

（3）租船还价管理。还价又称还盘，是指在条件报价的情况下，承租人与船舶所有人针对报价条件中不能接受的条件提出修改、增删的要求，或提出自己的条件。还价意味着询价人对报价人报价的拒绝和新的报价的开始。

（4）受盘管理。受盘又称接受订租，指一方当事人在有效期内对报价条件明确表示承诺。至此，租船合同即告成立。原则上，受盘是租船程序的最后阶段。受盘后，该项租船洽商即告结束。

（5）租船合同管理。正式的租船合同实际是在合同已经成立后才开始编制的，双方签订的订租确认书实质就是一份供双方履行的简单租船合同。签订订租确认书后，船东按照已达成协议的内容编制正式的租船合同，通过租船经纪人送交承租人审核。如果租船人对编制的合同没有异议，即可签字。

关键点提示

要想更好地进行租船运输管理，企业应了解以下两点：

1.如何选择租船运输方式；2.如何组织租船运输。

3.8　如何进行海运外的运输方式管理

工作场景描述

当要了解如何进行除海运外的国际运输方式管理时，可查看。

解读与分析

海洋运输虽然是国际货物运输的主要方式，但是随着全球化和运输技术的发展以及顾客需求的日益多样化，其他几种重要的国际货物运输途径，比如国际铁路货物联运、国际航空运输、集装箱运输、大陆桥运输、国际邮政运输以及OCP运输等运输方式也发挥着越来越重要的作用。

1. 国际铁路联运

国际铁路联运有以下特点。

（1）手续复杂。国际铁路联运规章制度条文多、条款复杂，而且涉及许多国家或地区的法律和规章，办理各项手续非常麻烦。

（2）涉及面广。国际联运涉及多国、多部门，要与各国或地区的海关、商检、保险、银行以及各种中间代理机构打交道。

（3）时间性强。

（4）运输要求和质量标准高。

但国际联运开辟了一条货物运输的重要渠道，它免除了货物在国境站重新办理托运的手续，火车可以直接过轨运输，同时减少了货损，大大降低了运输费用。对于很多铁路线发达的内陆国，此种方式是首选的国际货物运输方式。

2. 国际航空运输

国际航空运输是最现代化的国际货物运输方式，包括班机运输、包机运输和集中托运三种运输方式。航空运输具有速度快、时间短、安全性高、货损小及不受地面条件限制等特点，特别适合鲜活商品、易腐烂商品和季节性强的商品运输。

3. 集装箱运输

集装箱运输是以集装箱作为运输单位进行货物运输的现代化运输方式，是国际货物运输高速发展的必然产物，目前已成为国际上普遍采用的一种重要运输方式。

集装箱运输与传统的海运相比，优点如下。

（1）提高了装卸效率，加速了船舶的周转。

（2）有利于提高运输质量，减少货损货差。

（3）节省了各项费用，降低了货运成本。

（4）简化了货运手续，方便了货物运输。

（5）把传统的单一运输串联成为连贯的成组运输，从而促进了国际多式联运的发展。

集装箱的托运方式分为整箱运输（缩写为FCL）和拼箱托运（缩写为LCL）两种。凡装货量达到每个集装箱容积的75%或达到每个集装箱荷重的95%即为整箱货，由货主或货运代理人自行装箱后，以箱为单位向承运人进行托运；凡货量达不到上述整箱标准的，需按拼箱进行托运，由货主或货运代理人将货物送交到集装箱货运站，货运站收货后，按货物的性质、目的地分类整理，而后将去同一目的地的货物拼箱整理成集装箱后再行发送。

4. 大陆桥运输

大陆桥运输是指使用横贯大陆的铁路或公路系统作为中间桥梁，把大陆两端的海洋连接起来的集装箱联合运输方式。目前世界上的大陆桥有美国大陆桥、加拿大大陆桥（二者统称为北美大路桥），以及西伯利亚大陆桥。大陆桥运输都采用大型集装箱装货，运输方式包括海洋运输和公路运输。

5. 国际邮政运输

邮政运输是通过邮局寄交进出口货物的一种运输方式。但国际货物运输对邮件的重量和体积均有规定，如每件包裹重量不得超过20千克，长度不得超过1米，所以邮政运输适合于量轻体小的商品，如精密仪器、金银首饰、药品以及各种各样的零星物品。

6.OCP 运输

OCP是“Overland Common Points”的缩写，是指可享受优惠费率且陆运可以抵达的地区。在和美国进行贸易时企业可采用OCP运输。美国专门划定了美国西部9个州，可以实行OCP条款。按OCP运输条款达成交易，出口商不仅可以享受美国内陆运输的优惠费率，而且可以享受OCP海运的优惠费率。

企业在使用OCP条款时请注意以下几点。

（1）货物最终目的地必须处于OCP地区范围。

（2）货物必须经由美国西部海岸中转，因此，签订CFR、CIF出口合同时，目的港必须是美国西海岸港口。

（3）提单上必须标明OCP字样，并且在提单目的港上除了填明美国西部海岸港口名称外，还要注明内陆城市名称。

关键点提示

除海运外的其他国际货物运输途径包括：

1.国际铁路联合运输；2.国际航空运输；3.集装箱运输；4.大陆桥运输；5.国际邮政运输；6.OCP运输。

3.9 如何处理海洋运输中的损失

工作场景描述

当希望了解如何判定海运中的损失和如何计算海损时，可查看。

解读与分析

进出口货物在海运中常常会遇到各种风险而导致损失或灭失，而保险公司并非对任何风险都给予承保，也不是对一切损失都给予赔偿。因此，企业在进行投保之前，首先要熟悉海运中的风险与损失。

1. 全部损失的判定和计算

（1）实际全损的判定。货物完全灭失或因变质而失去原有用途的实际全损，主要有以下几种判断方式。

①被保险货物完全灭失。如船舶因遭遇海难而沉没，货物同时沉入海底。

②被保险货物遭受严重损害已丧失原有用途，已不具有任何价值。如水泥遭水泡后结成硬块，虽然没有灭失但已经失去原有用途，不具有任何使用价值。

③被保险货物损失已经无法挽回。如船舶被海盗截取或被他国扣押。

④船舶失踪，到一定期限后仍无音讯。

（2）推定全损的判定。推定全损主要有以下四种情况。

①被保险货物遭受严重损害，完全灭失已不可避免，或者为避免实际全损进行施救

所花的费用，预计超过获救后被保险货物的价值。

②被保险货物受损害后，修理费用预计超过货物修复后的价值。

③被保险货物遭受严重损害后，修理和续运抵目的地的运费已超过残存货物到达目的地的价值。

④被保险货物遭受责任范围内的事故，使被保险人失去被保险货物所有权，而收回所有权，其费用预计超过收回被保险货物的价值。

2. 部分损失的判定和计算

（1）共同海损的判定。构成共同海损必须具备下列条件。

①船方在采取紧急措施时，必须明确有危及船、货共同安全的危险存在，不能主观臆测可能有危险发生。

②船方所采取的措施必须是有意的、合理的，是为了船、货共同安全的。

③所做出的牺牲或支出的费用是在非常情况下产生的，具有特殊性。

④构成共同海损的牺牲和费用支出，最终还必须是有效的，也就是说，经过采取某种措施后，船舶和货物的全部或一部分安全抵达航程的终点或目的港，避免了船、货同时遭受损失。

（2）分摊法计算共同海损。共同海损的牺牲和费用支出都是为了船舶、货物和运费方免于遭受损失而做出的，因而，应由船、货、运费三方在最后获救货物的价值基础上按比例分摊。

例：有一艘载货船舶在航行途中发生共同海损，货物共损失50万美元，其中货主甲、乙、丙、丁分别损失10万美元、20万美元、0万美元、20万美元，船体损失25万美元，救助费3万美元，运费损失1万美元。货主甲、乙、丙、丁的货物价值分别为120万美元、140万美元、120万美元、100万美元，该载货船舶价值500万美元，承运人运费总计20万美元。问：船、货、运费三方各应分摊多少共同海损的牺牲和费用。

具体计算方法如下。

①第一步求出分摊率。

总损失额=50+25+3+1=79（万美元）

分摊价值总额=（120+140+120+100）+500+20=1000（万美元）

分摊率=（79/1000）×100%=7.9%

②第二步求出各方按比例分摊金额。

货方：

货方甲应分摊额=120×7.9%=9.48（万美元）

货方乙应分摊额=140×7.9%=11.06（万美元）

货方丙应分摊额=120×7.9%=9.48（万美元）

货方丁应分摊额=100×7.9%=7.9（万美元）

船方：

船方应分摊额=500×7.9%=39.5（万美元）

运费方：

承运人应分摊额=20×7.9%=1.58（万美元）

（3）单独海损是指除共同海损以外的，由海上风险直接导致的船舶或货物的部分损失。这种损失只属于特定利益方，而不属于其他的货主或船方，由受损方单独承担。例如：在整船运输中，有面粉、机器设备、钢材三种货物。途中遇到暴风雨，部分海水进入船舱，海水浸泡了部分面粉，使其变质。面粉受损仅影响了面粉货主的利益，跟同船其他货物的货主和船东利益无关，因而属于单独海损。

3. 关于费用的处理

费用主要是指保险人需要承担的费用，被保险货物遭到保险范围内的事故，除了能使货物本身受到损毁导致经济损失外，还会产生费用方面的损失。对于这种，保险人也需给予赔偿。

（1）施救费用的处理。施救费用主要是指在遭遇保险责任范围内的灾害事故时，被保险人或他的代理人、雇佣人员或保险单受让人等为抢救保险货物（指船舶或货物），防止其损失扩大而采取措施所发生的费用。保险人对这种施救费用负责赔偿。

（2）救助费用的处理。救助费用主要是指被保险货物遭遇保险责任范围内的灾害事故时，由保险人和被保险人以外的第三者采取救助行为，而向其支付的报酬费用。

其他损失是指外来风险造成的损失，这里就不再具体介绍了，

关键点提示

海洋运输中关于损失的处理包括以下内容：

1.全部损失的判定和计算；2.部分损失的判定和计算；3.关于费用的处理。

3.10 如何选择国际货物运输投保类型

工作场景描述

当希望了解如何为国际货物运输选择合理的保险时，可查看。

解读与分析

在国际贸易运输中，货物从卖方交到买方手中，通常要经过长途运输、装卸和存储等流转环节。在这个过程中，货物可能会遇到各种风险、遭受各种损失。为了保障自己的利益，买方和卖方都要在货物起运前向保险公司办理货物的运输保险。企业该如何选择合适的投保险别呢？

1. 根据货物的性质及包装选择投保险别

不同种类的货物在相同的风险之下，遭受的损失程度往往是不同的，如茶叶、烟草等商品容易吸潮腐烂，那就应该在基本险的基础上加保受潮受热险。另外，企业还要考虑货物的包装情况，如果使用的是容易破损的包装，则造成受损的可能性很大，保险公司对由于包装不良或包装不适合而使货物受损的情况不负责任。

2. 根据运输工具所经的路线选择投保险别

如采用空运，企业应选择投保航空运输货物保险的有关险别。此外，应根据不同的运输路线选择合适的险别，如途经海盗经常出没的水域或战争热点地区，企业应考虑货物可能会遭受袭击。

3. 根据可保利益的归属选择投保险别

在国际贸易中保险责任与可保利益有时是统一的，有时则是脱节的。当两者统一时，要视被保险货物的实际需要选择适宜的险别；当两者脱节时，选择的险别则应该是承保范围最小、保险费用最低的保险。

表 3-1　商品险别的选择

商品种类	主要商品	常遭受的风险与损失	应保险别	备注
粮谷类	大豆、花生仁等	因水分蒸发、散发而短量，或因受潮受热而发生霉变	一切险，或在水渍险的基础上加保短量险、受潮受热险	一般有免赔率的规定
陶制品类	陶瓷、工艺陶、瓷砖等	易破碎	平安险，或在水渍险基础上加保破碎险	这类商品的包装好坏对损失率的影响很大
羊绒类	羊毛、羊绒、羽毛	易遭玷污	平安险，或在水渍险基础上加保混杂玷污险	
盐渍肠衣类	猪肠衣、羊肠衣	易因盐渗漏而变质	平安险，或在水渍险的基础上加保渗漏险	
首饰类	金、银、珠宝、钻、翡翠等	易遭偷窃	一切险，或在水渍险的基础上加保偷窃提货不着险	

关键点提示

选择国际货物运输投保类型包括以下几种：

1.根据货物的性质及包装选择投保险别；2.根据运输工具所经的路线选择投保险别；3.根据可保利益的归属选择投保险别。

3.11 如何明确国际货物运输保险实务

工作场景描述

当希望了解国际货物运输保险管理的具体事务时，可查看。

解读与分析

在国际贸易中，从买卖双方的角度看，国际货物运输保险实务包括申请投保、选择投保险别、确定投保金额、办理投保并交付保险费、领取保险单证以及在货损时办理保险索赔等内容。本章会对上述内容中较为重要的三个部分进行重点介绍。

1. 办理投保手续

（1）进口货物的投保手续。进口货物一般按CFR或FOB条件成交，由买方办理保险等手续。我国进口货物一般采取预约保险的做法，各进出口公司和中国人民保险股份有限公司都签订有预约的保险合同。

按照海运进口货物预约保险合同的规定，投保人在获悉每批货物的起运消息后，应准确地将船名、开航日期、航线、货物品名及数量、保险金额等内容以书面形式通知保险公司，才算向保险公司办理了投保手续，而无须填写投保单。如果被保险人未按预约保险合同的规定办理投保手续，则保险公司不负赔偿责任。

按照空、邮运进口货物预约保险合同的规定，凡在保险责任范围内承保的货物，投保人必须逐笔向保险公司填送起运通知书，作为保险公司投保的手续和凭证。保险公司获得通知书后，自动承担承保范围内货物损失的保险。

（2）出口货物的投保手续。出口货物一般按CIF条件成交，由卖方办理保险，其手续主要有下面四个步骤。

①投保人填写投保单。投保人在根据合同或信用证规定备齐货物并确定装船出运日期后，在货物尚未装船前，需填写一份“海运出口货物投保单”。

②保险公司审核投保单。保险公司收到投保人递交的投保单后，根据有关规定对其

进行审核，以决定是否承保。

③保险公司同意承保后收取保险费。若保险公司审核后同意承保，则向投保人发回承保回执，并收取保险费。

④投保人得到保险公司签署的保险单。投保人凭保险公司发回的承保回执缮写的保险单即成为向银行进行议付的重要单据之一。

CIP（Carriage and Insurance Paid to），即运费、保险费（至指定目的地），是指卖方将货物交给由其指定的承运人，但卖方还必须支付将货物运至指定目的地的运费。在CIP条件下，卖方还需承担货物在运输途中灭失或损坏的保险，卖方订立保险合同，并支付保险费。

2. 确定保险金额并计算保险费

（1）保险金额的确定。保险金额是指投保人与保险公司之间实行投保和承保的金额，是保险费计收的依据，也是投保人或其受让人索赔和保险人赔偿的最高限额。

保险金额计算公式为：

保险金额=CIF（CIP）价×（1+投保单加成率）

保险金额并非投保人的成本价格，而是以成本为基础，包括保险费、运费以及预期利润，之所以包括运费和保险费，是因为要避免被保险货物损失后收不回运费和保险费。

（2）保险费的计算。保险费是保险金额与保险费率的乘积。保险费率是计收保险费的依据，不同的险别有不同的费率。

保险费的计算公式为：

保险费=保险金额×保险费率

如果按CIF（CIP）价加成投保，计算公式为：

保险费=CIF（CIP）价×（1+投保单加成率）×保险费率

例：中国A公司对外出售货物一批，合同规定：数量100吨，单价每吨1000英镑CIF伦敦，卖方按发票金额加一成投保水渍险和短量险，保险费率分别为0.3%和0.2%。试计算：A公司投保金额是多少？应向保险公司付多少保险费？

解：保险金额=CIF价×（1+投保单加成率）=1000×100×（1+10%）=110000（英镑）

保险费=保险金额×保险费率=110000×（0.3%+0.2%）=550（英镑）

3. 办理保险单证

保险单证是保险人与被保险人之间的权利、义务契约，是被保险人或受让人索赔和保险人理赔的依据，也是进出口贸易结算的主要单据之一。在国际贸易中，保险单证可以背书转让。我国常用的保险单证有保险单、保险凭证、预约保险单。

（1）保险单。保险单俗称“大保单”，是一种正规的保险合同。目前，我国国内的保险公司大都出具保险单作为出口保险凭证。

（2）保险凭证。保险凭证俗称“小保单”，是一种简化的保险合同。目前各国或地区都规定保险单与保险凭证具备同等法律效力，但信用证如规定提交单据为保险单时，则不接受以保险凭证代替保险单来议付。

（3）预约保险单。预约保险单是指保险公司与被保险人双方签订的预约保险合同，它规定了总的保险范围、保险期限、保险种类、总保险限额、航程区域、运输工具、保险条件、保险费率和保险结算办法等具体内容。

4. 保险索赔的处理

保险索赔是指被保险货物遭受承保范围内的风险而造成损失时，被保险人向保险人提出赔偿要求的行为。被保险人进行索赔应具备三个条件。

（1）被保险人要求赔偿的损失，必须是承保责任范围内风险造成的损失。

（2）被保险人是保险单的合法持有人。

（3）被保险人必须拥有可保利益。

关键点提示

国际货物运输保险实务主要包括如下内容：

1.办理投保手续；2.确定保险金额并计算保险费，3.办理保险单证；4.保险索赔的处理。

第4章

国际贸易货物进出口相关手续办理常见问题

企业签订了出口合同后，应严格执行，并在履约过程中，要一丝不苟、认真负责地做好审证、备货、报验、租船订舱、投保（在CIF条件下）、报关、装运和制单结汇等一系列工作。如果发生违反合同规定的情况，企业还要及时进行索赔和理赔工作，其中，审查国外开来信用证并严格按照信用证和合同的要求缮制相关单据最为重要。

4.1　如何正确使用各种货款支付工具

工作场景描述

当对应采用的支付工具及其使用方法不甚了解时，可查看。

解读与分析

国际贸易中货款的收付，一般采用金融票据，即汇票、本票或支票来进行，一般以使用汇票为主。

汇票是出票人签发的，是委托付款人在见票时或者在指定日期无条件支付确定的金额给收款人或者持票人的票据。

1. 汇票的基本内容和流转程序

（1）汇票的基本内容。

各国或地区票据法对汇票内容的规定不同，一般应包括如下事项。

①表明“汇票”字样；

②无条件支付命令；

③确定的金额；

④付款人的名称及付款地点；

⑤付款期限；

⑥收款人的名称及收款地点；

⑦出票日期与地点；

⑧出票人名称及签字。

上述内容为汇票的要项，但并不是汇票全部内容。汇票的要项必须齐全，否则受票人有权拒绝。

汇票可以由银行、商号或个人签发。进出口业务中一般是以银行签发汇票为主，按照付款时间的不同，有即期汇票和远期汇票之分：即期汇票是指在提示或见票时立即付款的汇票；远期汇票是指在一定期限或特定日期付款的汇票。

在出票时，收款人一栏通常有三种写法。

①限制性抬头：在收款人栏内填“限付给××人”（Pay to××only）或“限付给××人，不许转让”（Pay to××only not transferable）。这种抬头的汇票不能流通和转让，只限××收取货款。

②指示性抬头：在收款人栏内填“付给××公司或指定人”或“付给××人的指定人”（Pay to the order of ××）。这种抬头的汇票，××公司可以自己收取货款，也可以经过背书转让给第三者。

③持票人（来人）抬头：在收款人栏内填“付给来人”（Pay Bearer）。这种抬头的汇票，无须持票人背书，只要交付汇票就可以转让。

（2）汇票的流转程序。

①出票。出票人在汇票上填写付款人、付款金额、付款日期和地点以及收款人等内容，并且在签字后交给持票人。汇票一经出票，出票人即成为债务人，对收款人或持票人承担该汇票承兑和付款的责任。

②背书。汇票持有人在汇票背面签上自己的名字，或者再加上受让人的名字，并且把汇票移交给受让人的过程就是背书。经过背书后，汇票的收款权利就转移给了受让人。汇票可以不断地通过背书连续转让下去，对于受让人来说，所有在他之前的背书人和原出票人都是“前手”；而对于出票人和出让人来说，所有在他与以后的受让人都是“后手”，“前手”对于“后手”负有担保汇票必然会被付款的责任。

③提示。提示就是指持票人向付款人出示汇票，要求进行承兑或付款。提示可以分为两种。

A.付款提示：可以是持票人向付款人提交即期汇票，要求立即付款；也可以是持票人向付款人提交已经承兑的到期的远期汇票，要求立即付款。

B.承兑提示：远期汇票需要承兑，即持票人向付款人提交远期汇票，付款人见票后办理承兑手续，承诺到期时再行付款。

付款提示和承兑提示都要在汇票规定的付款地点及在法定期限内进行。指示性抬头的汇票必须通过背书的方式才可以转让，而持票人（来人）抬头的汇票无须背书，只需交付即可转让。

④承兑。承兑是指付款人对远期汇票表示承担到期付款责任的行为。付款人在汇票正面写明“承兑”字样，加注承兑日期和签名，并将汇票交还给持票人。

⑤付款。对于即期汇票，持票人首次提示时，付款人就应付款；对于远期汇票，付款人经过承兑后，在汇票到期日付款，付款后，汇票上的一切债权债务关系即告结束。

远期汇票不是在付款人首次见票时就要立即付款，而是要经过一定期限或在特定日期才办理付款。远期汇票的付款时间有几种规定办法：见票后若干天付款；出票后若干天付款；提单签发日后若干天付款；指定日期付款。但无论怎样规定，远期汇票都需要付款人在首次见票时先办理承兑。

⑥拒付。如果持票人向付款人提示汇票要求承兑或付款时遭到拒绝，或者承兑人或付款人死亡、逃匿或破产的，均构成拒付。汇票遭到拒付时，持票人立即产生追索权，即他有权向背书人和出票人追索票款。持票人为了行使追索权，应及时做出拒付证书，拒付证书由付款地的法定公证人或其他有权做出证书的机构出具，是持票人行使追索权的法律依据。

2. 本票的基本内容

本票是出票人签发的，承诺自己在见票时或在指定日期无条件支付确定金额给收款人或持票人的票据。各国或地区票据法对本票基本内容规定各不相同，本票一般应记载如下事项。

（1）表明“本票”字样。

（2）无条件支付承诺。

（3）确定的金额。

（4）付款期限（未做说明者视为见票即付）。

（5）付款地点（未做说明者，出票地视为付款地）。

（6）收款人的名称。

（7）出票日期与地点。

（8）出票人名称及签字。

根据各国或地区票据法规定，本票未按其规定记载规定事项的，视为无效。本票可以由银行签发，也可由工商企业或者个人签发。银行本票都是即期的，而商业本票有即期的也有远期的。在国际贸易结算中使用的本票，大都是银行本票。

本票在出票后，收款人或持票人应在到期日向出票人提示付款。付款后，本票的一切债权债务关系即告终止。由于本票承诺无条件的支付，因而远期本票无须办理承兑手续。

汇票和本票有哪些区别呢？其实本票是汇票的特殊形式，当汇票的出票人就是付款人时，汇票就成为本票。两者的不同点如下。

（1）汇票有三个基本当事人，即出票人、付款人和收款人；而本票有两个基本当事人，即出票人和收款人，出票人同时也是付款人。

（2）远期汇票须经承兑才能付款，而远期本票无须办理承兑手续。

（3）汇票在承兑前，出票人就是主债务人，承兑后承兑人成为主债务人；而本票在任何情况下，出票人都是主债务人。

3. 支票的基本内容

支票是由出票人签发，委托办理支票存款业务的银行或者其他金融机构在见票时，无条件支付确定金额给收款人或持票人的票据。

支票一般应记载如下事项。

（1）表明“支票”字样。

（2）无条件支付委托。

（3）确定的金额。

（4）付款银行名称和地点。

（5）付款地点（未做说明者，付款银行所在地视为付款地）。

（6）收款人的名称。

（7）出票日期与地点。

（8）出票人名称及签字。

支票没有按各国或地区票据法规定相关事项的，视为无效。支票在出票后，收款人或持票人在有效期内向付款银行提示付款。付款后，支票的一切债权债务关系即告终止。

那么，支票和汇票有哪些区别呢？

（1）付款人的身份不同。支票的付款人是具有一定资格的银行或其他金融机构；而汇票的付款人可以是银行，也可以是工商企业或个人。

（2）付款期限不同。支票的实质是代替现金的即期支付工具，而汇票有即期和远期之分。所以，支票其实就是以银行为付款人的即期汇票。

以上三种票据是国际贸易中常用的支付工具，明确它们各自的内容和支付流程，有助于企业选择最有利、最安全的收汇工具。

关键点提示

国际贸易中经常使用的支付工具有：

1.汇票；2.本票；3.支票。

4.2　如何以汇付方式收付货款

工作场景描述

当对汇付方式付款的基本程序及其优缺点不甚了解时，可查看。

解读与分析

汇付就是进口商主动通过银行或其他途径汇款给出口商的行为，它是国际贸易中一种较为简便的付款方式。

1. 汇付方式下的收付程序

国际上通常使用的汇付方式有电汇（T/T）、信汇（M/T）和票汇（D/D）三种。

（1）电汇收付程序。

①买卖双方在进出口合同中规定采用电汇方式付款。

②汇款人（进口商）委托汇出行（进口地银行）电汇付款，填写电汇申请书，并交

付货款和手续费。

③汇出行向汇入行（出口地银行）发出电汇通知单，委托其向收款人（出口商）解付汇款。

④汇入行收到电汇通知单并审核密押无误后，向收款人发出汇款通知。

⑤收款人出示所需的证明文件后，向汇入行收取汇款。

⑥汇入行向汇出行发出付讫通知。

电汇方式下收款比较迅速，但费用较高。

（2）信汇收付程序。

信汇方式的操作程序与电汇大体相同，唯一的区别在于，信汇方式是汇出行将信汇委托书以航邮，而非电讯的方式寄给汇入行，费用低廉，但速度较慢，收款人收款较迟。

（3）票汇收付程序。

①买卖双方在进出口合同中规定采用票汇方式付款。

②汇款人（进口商）在汇出行（进口地银行）填写票汇申请书，并交付货款和一定的手续费。

③汇出行向汇款人开出其分行或代理银行的即期汇票，注明收款人名称、汇款金额等；汇出行同时还要向汇入行（出口地银行）邮寄票汇通知书，供其在付款时核对。

④汇款人自行将银行即期汇票寄送给收款人（出口商）。

⑤收款人收到汇票后，在汇票上背书，然后向汇入行提示汇票，要求付款。

⑥汇入行核验收款人身份后付款。

⑦汇入行向汇出行收回垫付款项。

票汇与电汇、信汇有何不同呢？首先，票汇的汇入行无须通知收款人收款，而由收款人自行持票向汇入行提示付款，而电汇、信汇的汇入行在收到汇出行的委托后，必须通知收款人收款；其次，票汇的收款人可以通过背书转让汇票，而电汇、信汇方式下由于不适用汇票，因此，收款人不能将收款权转让。

2. 汇付方式在国际贸易中的应用

在国际贸易中，以汇付方式进行结算时，可以是先付款后交货（预付货款），也可以先交货后付款（货到付款）。

（1）货到付款。基本做法是：买卖双方签订合同后，出口商先发货，进口商收到货物后，主动付款给出口商，这种方法实际上是一种赊账业务。

可以看出，货到付款对买方有利，而对卖方来说，不仅要占压资金，还要承担收不回货款的风险。因此，除非进口商信誉可靠或与出口方有特殊关系，一般来说，出口方不宜轻易采用这种方式。

通常在空运进出口交易中，由于到货比较迅速，因此，经常采用凭出口方电报或电传发货通知，进口方汇付货款的做法，我国对某些地区长期供应鲜活商品，通常也采用货到结汇方式。

（2）预付货款。基本做法是：进口商在订货时或交货前就将货款的一部分或全部通过银行以电汇、信汇或票汇的方法汇交给出口方。卖方收到后，根据双方的进出口合同发运货物。

与货到付款相反，出口商可以预先得到一笔资金，而进口商要过早垫付资金，还要承担出口商延迟交货甚至不交货的风险。所以，对于这种付款方式，进口商也不可轻易接受。通常在所交易的商品十分抢手，或专为客户加工的特殊商品，或者进出口双方关系密切时，才会采用这种付款方式。

无论哪种汇付方式，银行都只提供服务而不提供信用担保，因此，汇付方式属于商业行为，风险较大。但是汇付的手续简便，银行手续费用也较少，如果交易双方关系密切、互相信任，就可以采用汇付方式，以利于扩大贸易。

关键点提示

对于汇付方式，企业应该了解以下两点：

1.汇付方式下的收付程序；2.汇付方式在国际贸易中的应用。

4.3 如何以托收方式收付货款

工作场景描述

当对托收方式付款的基本程序及其优缺点不甚了解时，可查看。

解读与分析

托收是指出口商开具汇票，委托当地银行（托收行）通过它在进口地的代理行或往来银行（代收行）向进口商收取货款的一种支付方式。

托收是国际贸易中经常采用的一种货款支付方式。按照是否附带货运单据来分，可分为光票托收和跟单托收，其中较常用的是跟单托收。跟单托收按照向进口商交单条件不同，可分为付款交单（D/P）和承兑交单（D/A）两种，其中付款交单（D/P）按付款时间不同又分为即期付款交单（D/P at sight）和远期付款交单（D/P after sight）。

1. 即期付款交单

即期付款交单的基本程序如下。

（1）买卖双方在进出口合同中，规定采用即期付款交单方式付款。

（2）出口商按照合同规定装运货物并取得货运单据后，填写托收委托书，开立即期汇票，连同全套货运单据交给当地的托收行，委托其代收货款。

（3）托收行将汇票连同货运单据寄交给进口地代收行委托代收货款。

（4）代收行收到全套单据后，立即向进口商提示付款。

（5）进口商见票后立即付款。

（6）代收行将全套货运单据交给进口商。

（7）代收行办理转账并通知托收行。

（8）托收行向出口商交款。

2. 远期付款交单

远期付款交单的基本程序如下。

（1）买卖双方在进出口合同中，规定采用远期付款交单方式付款。

（2）出口商按照合同规定装运货物并取得货运单据后，填写托收委托书，开立远期汇票，连同全套货运单据交给当地的托收行，委托其代收货款。

（3）托收行将汇票连同货运单据寄交给进口地代收行委托代收。

（4）代收行收到全套单据后，立即向进口商提示承兑。

（5）进口商承兑汇票后，代收行保留汇票和全套单据。

（6）在汇票到期日，代收行向进口商提示付款。进口商付款后，代收行将全套货运单据交给进口商。

（7）代收行办理转账并通知托收行。

（8）托收行向出口商交款。

3. 承兑交单

承兑交单的基本程序如下。

（1）买卖双方在进出口合同中，规定采用远期付款交单方式付款。

（2）出口商按照合同规定装运货物后，填写托收委托书，开立远期汇票，连同全套货运单据交给当地的托收行，委托其代收货款。

（3）托收行将汇票连同货运单据寄交给进口地代收行委托代收。

（4）代收行收到全套单据后，立即向进口商提示承兑。

（5）进口商承兑汇票后，代收行将全套货运单据交给进口商，并保留汇票。

（6）在汇票到期日，代收行向进口商提示付款，进口商付清货款。

（7）代收行办理转账并通知托收行。

（8）托收行向出口商交款。

不论是即期付款交单还是远期付款交单，进口商都必须在付清货款之后才能取得单据，借以提取或转售货物；而承兑交单方式下，进口商一经承兑即可取得单据并提取货物，因此一旦汇票到期时进口商拒付货款，出口商就会遭受货款两失的风险。

无论采取哪种托收方式，都是由出口商先行发货，然后委托银行收取货款。但是银行只是按照委托办事，并不承担付款人一定付款的责任，所以，如果货到目的地后进口商拒不付款赎单，银行一般对货物也没有提货、存仓等义务。因此，托收方式对出口商来说有一定的风险，但对进口商却十分有利。采用托收方式，进口商可以免去开立信用证的手续和费用，不必预付开证押金，有利于资金周转。

关键点提示

跟单托收方式支付货款有如下三种方式：

1.即期付款交单；2.远期付款交单；3.承兑交单。

4.4 如何保证托收方式下合同货款安全及时收回

工作场景描述

当对以托收方式收回货款应注意的问题和常采用的技巧不熟悉时，可查看。

解读与分析

企业在出口业务中，适当和谨慎地使用托收方式，可以提高对外竞争力，扩大出口。在使用此方式时，企业应做到以下几点。

（1）认真考察国外进口商的资信情况，了解商品的市场动态，根据实际情况掌握成交金额。比如秘鲁、玻利维亚等一些中南美国家或地区的银行，将远期付款交单视为承兑交单，进口商承兑远期汇票后，应立即将运输单据交付出去；芬兰、希腊等国家或地区的商人和银行，对即期付款交单方式，习惯上等货到后才付款赎单。

（2）企业与处于贸易和外汇管制较严的国家或地区的进口商进行贸易时，不宜采用托收方式，以免货到目的地后，该国不准进口或者收不到外汇。

（3）出口合同争取以CIF或CIP条件成交，由出口商办理货运保险。这样，在货物受到损失，而进口商又不付款赎单时，出口商可以凭保险单向保险公司索赔。在不采用CIF或CIP条件时，出口商可以投保卖方利益险。

（4）有些国家或地区对托收业务有特殊惯例，企业要先熟悉其做法，再酌情采用合适的托收方式。

（5）企业采用托收方式收款时，要建立健全的管理制度，定期检查，及时催收清理，发现问题后应迅速采取措施以避免或减少可能发生的损失。

托收方式对出口商来说风险较大，但只要在以托收方式收汇时采取以上措施，就能尽量避免出口商的收汇风险。

关键点提示

企业在出口业务中采用托收方式时，应注意：

1.考察进口商的资信情况；2.与处于对贸易和外汇管制较严的国家或地区的进口商进行贸易时不宜采用托收方式；3.出口合同争取以CIF或CIP条件成交；4.对托收业务有特殊惯例的国家或地区要先了解其做法；5.要建立健全的托收管理制度。

4.5　如何利用银行保函支付货款

工作场景描述

当对银行保函在国际货款收付中的适用情况不甚了解时，可查看。

解读与分析

银行保函（L/G）是指银行（保证人）应申请人的请求，向第三方（受益人）开立的一种书面信用担保凭证，保证在申请人未能按双方协议履行其责任和义务时，由保证人代其履行一定金额、一定期限范围内的某种支付责任或经济赔偿责任。

在国际贸易当中，由于进出口交易双方往往缺乏信任和了解，因而给交易的达成和合同的履行造成一定的障碍。在这种情况下，就出现了由信誉卓著的银行或其他机构办理的保函业务。

1. 用于进出口贸易

（1）用于进出口贸易的保函分为以下两种类型。

①进口商提供的保函：银行应进口商申请开给出口商的保函，规定如出口商按合同规定交货后，进口商不能按期付款，则由银行负责偿付。

②出口商提供的保函：银行应出口商申请开给进口商的保函，规定如出口商未能按合同规定交货，则由银行负责赔偿进口商的损失。

（2）银行保函根据受益人向保证人索偿的条件不同，分为见索即付保函和有条件保函。

①见索即付保函（Demand Guarantees）：在这种保函方式下，保证人承担第一位的直接付款责任，只要见到符合保函条款的索赔书或保函中规定的其他文件，保证人立即承担付款责任，这种保函又称“无条件保函”。见索即付保函是独立于基础合同之外的文件，受益人的权利和保证人的义务不受基础合同的约束。

②有条件保函（Conditional L/G）：在这种保函方式下，保证人承担第二位的附属付款责任，只有在符合保函规定的条件下，才进行付款。

2. 用于投标

银行应投标人的申请开给招标人的保函，保证投标人在开标前不中途撤回投标或片面修改投标条件，中标后不拒绝签订合同，不拒绝交付履约保证金，否则银行赔偿招标人的损失。

3. 用于还款保证

银行应合同一方当事人的申请，向合同另一方当事人开立的保函，规定如申请人不履行合同义务，银行则向另一方退还或支付款项。

从银行保函的用途可以看出，它一般不作为独立的支付方式，而是经常与其他支付方式结合起来，共同促成进出口交易，保证合同双方的货、款安全。

关键点提示

银行保函主要用于以下三种情况：

1.用于进出口贸易；2.用于投标；3.用于还款保证。

4.6　如何结合使用各种支付方式

工作场景描述

当试图将几种支付方式结合使用时，可查看。

解读与分析

在国际贸易中，企业除了可以采用汇付、托收和信用证方式收付货款外，在特定情况下，为了促成交易和安全收、付汇的考虑，也可以将各种不同的支付方式结合起来使用。

1. 信用证和汇付相结合

这种方式下，部分货款用信用证方式支付，余额用汇付方式结算。汇付部分可以在货物发运前支付，作为定金或预付款；也可以在货物发运后支付，作为最后结算货款。

2. 信用证和托收相结合

如果采用信用证加托收的方式，应在信用证上注明“在发票金额全部付清后才可交单”的条款。这种方式下，部分货款用信用证支付，余款用托收方式结算。一般的做法是：信用证规定出口商开立两张汇票，属于信用证部分的货款凭光票（不附带货运单据的汇票）付款，而全套货运单据附在托收汇票项下，按即期或远期付款交单方式托收。

信用证和托收相结合的方式对进出口双方都有益处。对出口商来说，其有部分信用证下的资金做保障，而且货运单据只有在付清全部货款后才会交给进口商，所以收汇比较安全；对进口商来说，由于只有部分资金以信用证支付，因此，其可以只交付较少的开证押金，有利于资金的周转。

3. 汇付与银行保函相结合

在成套设备或大型交通工具如轮船、飞机等交易中，由于成交金额较大，产品生产周期又很长，出口方一般先要求进口方以汇款方式预付全部货款的5%到10%，其余再由进口方向出口方提供银行保函，按工程进度或交货进度分期付款或延期付款。

（1）分期付款：在确定采用分期付款方式后，买方预付定金并向卖方提供银行保函，在产品投产前买方以汇付方式分期支付完全部货款。货物所有权在付清最后一笔货款时转移。

（2）延期付款：买卖双方在签订进出口合同后，买方先预付一部分货款作为定金，然后提供银行保函。其余大部分货款则在交货后相当长的一段时间内分期摊付，相当于卖方向买方提供贸易融资。延期付款条件下，货物所有权一般在交货时转移。

各种支付手段相结合的付款方式在大型设备和大宗商品的交易中应用比较普遍。

关键点提示

在国际贸易中，不同的支付方式有以下三种结合方法：

1.信用证和汇付相结合；2.信用证和托收相结合；3.汇付和银行保函相结合。

4.7 如何办理备货和报验工作

工作场景描述

当不明确在备货与报验工作中应注意的问题时，可查看。

解读与分析

备货及报验，就是出口商根据出口合同的规定，按时、按质、按量地准备好应提交的货物，同时，对于须经检验才可出运的货物，要做好申请报验和领证的工作。凡须经国家出入境检验检疫局出具证书的货物，在货物备齐后，企业应向该局申请检验检疫，取得证书后，海关才准放行。

这个阶段中，企业要特别注意以下几方面的工作。

1. 备货时应仔细确认货物的品质和规格

出口商要仔细对照合同，保证货物的品质和规格与合同一致，必要时应对货物进行整理。

2. 货物的数量应留有余地

出口商在备货时，货物数量除满足信用证和合同的数量要求外，还应适当留有余地，以备装运时调换之用。

3. 根据信用证要求对货物进行包装和刷唛

出口商应确保货物的包装及包装上的唛头（运输标志）应符合信用证及有关进出口国家或地区的规定，并确保货物包装良好。

4. 装运时间应适当留有余地

出口商应根据信用证规定，结合船期，订好装运时间。为防止意外，一般应留有余地。

5. 对须报验的货物，向国家出入境检验检疫局申请报验

出口商申请报验时，应填写“出口商品检验申请单”，主要内容包括：品名、规格、数量（或重量）、产地、包装等。出口商提交申请单时还应同时附上合同和信用证副本等相关凭据。

6. 应在检验检疫证书规定的有效期内出运货物

出口商在取得合格的检验检疫证书后，应在证书的有效期内出运货物。如果超出有效期，还要向国家出入境检验检疫局申请展期，复验合格后，才能出运。

对出口商来说，备货和落实信用证这两项工作的正常程序应是先落实信用证后备货，但这样做往往造成备货仓促，延误交货期；如果先备货后落实信用证，又往往会给出口商带来风险。因此，在实际业务中，这两项工作应该同时进行。

按质、按量地及时发运货物是出口商的基本责任之一，出口商只有对备货过程的各个环节进行统筹安排，并对细节问题加以考虑，才能有条不紊地完成这个阶段的工作。

关键点提示

企业在办理出口备货和报验工作时，应注意以下几点：

1.备货时应仔细确认货物的品质和规格；2.货物的数量应留有余地；3.根据信用证要求对货物进行包装和刷唛；4.装运时间应适当留有余地；5.对须报验的货物，向国家出入境检验检疫局申请报验；6.应在检验检疫证书规定的有效期内出运货物。

4.8 如何审核国外进口商开来的信用证

工作场景描述

当对国外进口商开来的信用证进行审核时，可查看。

解读与分析

出口商在备货的同时，还应催促对方按时开立信用证。当进口商开来信用证后，出口商应对照合同条款对信用证进行审核，这是出口商安全收汇的保障。

审核的内容一般包括以下几个方面。

1. 对开证行资信的审核

开证行在信用证条件下承担第一付款人的责任，因此，其资信状况的好坏直接关系到出口商能否安全收汇。出口商可以通过我国的银行或驻外领事馆等对此进行调查。如果开证行资信较差，出口商应采取适当措施，可要求进口商另选一家银行，或要求其他银行加保兑，在信用证上加列分批装运、分批收汇条款等。

保兑是指开证行外的另一家银行在信用证上加注“我行兹对信用证加以保兑”，保证在开证行不付款时，信用证也一定会被保兑行兑付。这种做法相当于为信用证上了双重保险。

另外，信用证的到期地点应该在出口商所在地。

2. 对信用证性质的审核

国外来证必须是不可撤销的、无追索权的信用证，否则会影响出口商的收汇安全。同时，证内应有开证行保证付款的文句。

3. 对信用证所列商品和金额的审核

信用证所列受益人名称、地址及所列商品名称、规格、数量和价格等条款必须与合同相符。若合同中有溢短装条款，则信用证的金额也应有相应的增减幅度。

4. 对信用证装运期、有效期和有效地点的审核

信用证所列装运期必须与合同一致，信用证有效期就是交单议付的最后期限，一般应晚于装运期15到30天，以便出口商在此期间办理制单结汇的手续。

5. 对单据要求的审核

企业对于来证中要求提供的运输、保险等单据的种类、份数和填制方法等都要仔细审核。对于一些不正当的要求，如“开证人出具品质证书、收货收据”“发票或产地证明须由国外第三者签证”“提单上目的港（地）后加列指定码头”等，企业都要慎重对待。

有些信用证虽然有“不可撤销”字样，但又加列了一些限制性条件，如“领到进口许可证后信用证方可生效”“船公司、船名和目的港（地）须征得开证人同意后，方可装运货物”“在货物清关后方可支付货款”等，这些条款改变了信用证的性质，出口商对此应特别注意。

6. 对特殊条款及批注的审核

有时信用证会加列一些特殊条款，如指定船公司、船籍、船龄等，或不准在某个港口转船等，对此，企业一般不要轻易接受。当然，如果出口商可以办到，也可以灵活掌握。

有的来证只有一个到期日，即装运期和有效期在同一个日期，对此，企业应妥善安排装运时间。对信用证进行全面细致的审核后，如果发现问题，企业应根据问题的不同性质进行妥善处理，例如，对于影响合同执行和安全收汇的情况，应向进口商提出修改意见，并应在收到银行修改的信用证通知书后才对外发货；对于通过努力可以做到的情

况，则应在确保我方利益的前提下按信用证规定办理。

关键点提示

企业收到国外进口商开来的信用证后，应着重审核以下内容：

1.对开证行资信的审核；2.对信用证性质的审核；3.对信用证所列商品及货币和金额的审核；4.对信用证装运期、有效期和有效地点的审核；5.对单据要求的审核；6.对特殊条款及批注的审核。

4.9 如何办理出口货物的租船订舱手续

工作场景描述

当对出口货物的租船订舱手续及有关单据不甚了解时，可查看。

解读与分析

在CFR和CIF条件下，出口商在审核信用证和备妥货物后，即可办理货物的租船订舱工作，以备装运。如果货物数量很大，需整船运输的，出口商可委托中国对外贸易运输（集团）总公司和其他经营外贸运输的公司（简称外运公司）办理租船手续。一般情况下，出口商委托外运公司办理班轮订舱即可，基本程序如下。

1. 出口商填写托运单

出口商根据合同和信用证的内容填写托运单，填好后，递交外运公司，委托其办理订舱。外运公司根据托运单，会同船公司确定装运船舶。确定后，船公司在托运单上签章，留存一份，退给外运公司（托运人）一份，作为订舱的依据。

2. 船公司发给外运公司装货单

装货单俗称“下货纸”，它的作用有三：一是告诉外运公司，已预订×月×日的××航次××船，通知其备货并按时送往码头；二是外运公司可凭此向海关办理出口申报手续；三是船公司可凭此命令船长接受该批货物装船。

船公司接受托运后，发给外运公司装货单，外运公司把全套装货单交给出口商填制，填好后，外运公司即可代表出口商在仓库提货送进码头，向海关申请报关并通知船长装船。

3. 货物装船后，船长签发收货单

货物装船完毕后，船长或大副签发给托运人表明货物已经装船的临时收据，即收货单，外运公司持此单据向船公司支付运费并换取正式提单。

4. 发出装运通知

货物装上船后，出口商应向进口商发出装运通知，以便对方准备付款、办理报关和接货手续。有时，国外来证还规定以装运通知作为向银行议付货款的单据之一，这样的装运通知就应根据信用证要求进行缮制。

出口货物的租船订舱和装运手续到此就全部结束了。企业需要注意的是，在出口货物装船出运前，需要及时办理货物的出口报关和投保（CIF条件下）手续。

随着技术的发展，为了实现更快、更准确的运输操作，出口商已很少与承运人（船公司）打交道，而是由专业化较强的外运公司提供中介服务。

关键点提示

企业办理出口货物租船订舱的一般程序如下：

1.出口商填写托运单；2.船公司发给外运公司装货单；3.货物装船后，船长签发收货单；4.发出装运通知。

4.10 如何办理出口货物的投保手续

工作场景描述

当对CIF合同下出口货物的投保手续及有关单据不甚了解时，可查看。

解读与分析

在CIF条件下，出口商在备妥货物并确定装运日期后，要及时向保险公司办理投保手续，填制投保单。出口货物的投保手续在装运之前就应办理妥当。

办理投保手续的基本程序如下。

（1）出口商根据合同和信用证的内容，填制“海运出口货物投保单”，并递交保险公司。

（2）保险公司根据投保单，出具保险单。

（3）如果进口商在保险单出具后，需要更改有关内容，如投保险别、保险金额、航程等，应向保险公司提出申请，保险公司出具批单附于保险单上。批单的法律效力优于保险单。

（4）进口商交纳保险费后，取得保险单。

出口商在货物装运之前应及时办理投保手续。取得保险单后，出口商应按合同规定，将保险单连同其他单据一起寄付进口商。如果货物在运输途中遭遇承保范围之内的风险和损失，进口商可以凭相关单据和证明向保险公司进行索赔。

关键点提示

企业办理出口货物投保手续的基本程序如下：

1.出口商填制投保单；2.保险公司出具保险单；3.如进口商有需要修改之处，保险公司出具批单；4.交纳保险费后，出口商取得保险单。

4.11　如何办理出口货物的报关手续

工作场景描述

当对货物出口报关手续及有关单据不甚了解时，可查看。

解读与分析

在货物装船出运之前，出口商必须派专业报关员或通过专业的报关行向海关申报出口。海关放行后，货物才可装船出运。《中华人民共和国海关法》规定：凡是进出国境的货物，必须经由设有海关的港口、车站、机场进出，并由货物所有人向海关申报，经过海关放行后，货物才可提取或者装船出口。

出口报关的基本程序如下。

1. 申报

报关员在出口货物装船前24小时内，持相关单证向运输工具所在地的海关申报，填制出口货物报关单。企业应准备的其他单证包括出口许可证、出口合同、发票、装箱单、装货单、出口收汇核销单、产地证明、法定商品检验证书以及其他海关认为必要的单据。

2. 海关查验

海关在接受报关单位的申报后，依照申报单证，对出口货物进行实际核查，以确定单证和货物是否相符。查验地点一般在海关监管区的进出口口岸，如港口、车站、机场。如有特殊情况，海关也可以在作业现场进行查验。

3. 缴纳出口税

以FOB合同为例，出口税的计算方法是，先确定商品的完税价格，然后按出口税税率算出应纳税额。具体计算公式为：

完税价格=（FOB价格+运费）÷（1–保险费率）

出口税额=完税价格×出口税税率

4. 海关放行

海关经查验单证和货物并办理纳税手续后，解除货物监管，准予出境。在实际出关前，海关派专人负责审查该批货物的全部报关单证和查验记录，并签字认可，然后在装货单或运单上盖章放行。

海关接受申报的方式有三种：口头申报、书面申报、电子数据交换申报。在办理货物出口报关手续时，后两种方式比较常用。

当货物正式出运后，出口商的交货过程就告一段落，接下来，出口商只需将相关的单据缮制完整并提交议付即可。

关键点提示

企业办理货物出口报关的基本程序如下：

1.申报；2.海关查验；3.缴纳出口税；4.海关放行。

4.12 如何缮制汇票

工作场景描述

当对缮制汇票的方法不甚了解时，可查看。

解读与分析

托收及信用证相关的业务大都要求汇票，即使有些银行并不对此做出要求，而是凭单据付款，企业也必须按照信用证和合同的规定办理汇票。当被要求提交汇票时，企业可按以下步骤进行缮制。

1. 填写发票号码、出票日期和地点

发票号在汇票左上方“No.”一栏内写，出票地点和出票日期在汇票右上方填写。

2. 填写小写的汇票金额

小写的汇票金额在“Exchange for”一栏内填写。

3. 填写付款期限

即期汇票：在At和Sight中间的空格上填“——”或“*****”，不能留空白。

远期汇票付款期限的写法有四种。

（1）付款人见票后若干天付款：付款期限内一栏填“At×××Days affter SIGHT”。

（2）出票后若干天付款：付款期限一栏内填“AT ×××DAYS AFTER DATE OF DRAFT”。

（3）指定在提单签发日后若干天付款：付款期限一栏内填“AT ×××DAYS AFTER DATE OF B/L”。

（4）指定的日期付款：付款期限一栏内填具体日期。

常见的信用证对汇票收款人一般有以下三种规定。

（1）当来证规定“由中国银行指定”，或来证对汇票的收款人未做明确规定时，在“PAY TO THE ORDER OF”空格处填“BANK OF CHINA”。

（2）当来证规定“由开证行指定”时，在空格处填开证行的名称。

（3）当来证规定“由偿付行指定”时，在空格处填偿付行的名称。

4. 填写收款人

通常汇票的收款人处已印就“PAY TO THE ORDER OF”，出票人一般应在空处填银行的名称，具体按信用证规定填写。

5. 填写大写的汇票金额

大写的汇票金额在“THE SUM OF”一栏内填写，这里要使用货币全称，金额不能使用阿拉伯数字，最后要加“整”（only）。

6. 填写开具汇票的依据

在“DRAWN UNDER”一栏后填写。如属于信用证支付方式，则在空格内填写开证行、开证日期及信用证号码三项内容；如属于托收方式，则填写商品名称、件数和合同号。

7. 填写付款人（受票人）和付款地点

付款人在汇票左下角“To”一栏后填写。如属于信用证支付方式，则按照信用证规定填开证行名称或开证行指定的银行名称；如属于托收方式，则填写进口商名称。

付款地点即付款人所在地，在付款人名字下边填写。

8. 填写出票人

出票人在汇票右下角的空白处填写。出票人亦即出口公司的名称，需加盖公司经理印章。

汇票一般一式两份，两份具有同等效力，其中一份付讫，另一份自动失效。《跟单信用证统一惯例》规定：开立信用证时不应以申请人作为汇票付款人，否则银行将视此汇票为附加单据。

关键点提示

企业缮制汇票的具体内容包括如下几点：

1.在汇票的开头填写发票号码、出票日期和地点；2.在“Exchange for”一栏内填小写汇票金额；3.填写付款期限；4.填写收款人；5.在“The sum of”一栏内填写大写汇票金额；6.在“Drawn under”一栏后填写开具汇票的依据；7.在汇票左下角“To”一栏后填写付款人名称和付款地点；8.在汇票右下角填写出票人名称。

4.13 如何缮制商业发票

工作场景描述

当对缮制商业发票的方法不甚了解时，可查看。

解读与分析

商业发票由出口商开立，载有货物名称、数量和价格等内容。它是买卖双方交接货物、结算货款的中心单据，也是进出口报关完税必不可少的单证之一。商业发票中的货物描述，如货物名称等必须与信用证一致，其他一切单据只要不与信用证规定的货物相抵触，就可以使用货物统称。

各出口企业的发票格式不一。商业发票主要应包括以下内容。

1. 收货人

企业应严格按照来证填写收货人，一般情况下应填写开证申请人的名称、地址；托收方式下应填写合同买方的名称、地址。

2. 发票号码

发票是中心单据，企业应注意不要忘记填写发票号码。其他单据有的也需要填写发票号码。

3. 发票日期

发票日期要早于提单日期和汇票日期，这同样是因为发票是中心单据，企业应首先将其缮制完成，再据以填制其他单据。

4. 信用证号码、合同号码

信用和合同号码根据本次业务的进出口合同或国外来证填写即可。

5. 装运地及目的地

装运地及目的地应具体填写，切忌笼统。货物如要转运，转运地也要注明。

6. 唛头和件数

唛头和件数应按信用证填写，如果没有唛头，可填N/M（No Mark）。

7. 货物详细名称、规格、数量及包装

货物详细名称、规格、数量及包装必须与来证完全一致，不可遗漏或更改。如来证没有详细规定货物规格，也可按合同加注一些内容，但不可与信用证相抵触。

8. 发票单价及总金额

单价的四个组成部分缺一不可，尤其是贸易术语不可遗漏。如来证和合同规定有佣金或折扣，发票上也应照样填写；如果来证要求分别表示FOB货价、运费和保费，也应照例填写，注意应使三者之和等于CIF价。总金额要用英文大写，不可超过信用证的最高金额。

大写金额小数点后的数字有两种表示法，如USD 100.35大写为 SAY U.S.DOLLARS ONE HUNDRED AND CENTS THIRTY-FIVE ONLY 或 SAY U.S.DOLLARS ONE HUNDRED，35/100。

9. 出票人签章

出票人即出口商应在发票右下角正式签字盖章。

如果国外来证对发票份数做了明确规定，出口商除如数提交外，还应多给银行两份发票，一份供议付行收到开证行汇款后转给出口商，另一份注明核销单编号，供出口商核销外汇。

有时开证申请人要求对每一种规格的商品缮制一套单据，对此，企业在制单时必须遵从，不可把多种规格的商品合并在一套单据中。开证申请人还可能会要求在发票上加注“证明所列内容真实无误”或有关卖方国籍、商品原产地等证明文句，企业对此类要求通常可以照办。

关键点提示

出口商缮制商业发票主要包括以下内容：

1.收货人；2.发票号码、发票日期及合同号码；3.装运地及目的地；4.唛头和件数；5.货物详细名称、规格、数量及包装；6.发票单价及总金额；7.在发票右下角正式盖章签字。

4.14　如何缮制海运提单

工作场景描述

当对缮制海运提单的方法不甚了解时，可查看。

解读与分析

海运提单的签发表明货物已经付运，即出口商已经完成交货义务；同时提单还是物权凭证，船货抵达目的港（地）后，承运人要向提单的合法持有人交付货物，因此，海运提单是结汇工作中的重要单据。海运提单是物权证明，可以通过背书转让货物的所有权。

每个船公司都有自己的提单格式，但基本内容一致，主要包括以下内容。

1. 托运人

除信用证另有规定外，通常以信用证的受益人为托运人，但只要信用证没有禁止以第三者为托运人，也可以在此填写受益人以外的第三者。

2. 收货人

收货人即提单的抬头。根据抬头写法的不同，提单可分为记名提单、不记名提单和指示提单。记名提单即在收货人栏内填特定收货人的名称，这种提单只能由收货人提货，不可转让；指示提单可在收货人一栏内填“Order of XX”（凭某人指示）或“To order”（凭指示），这种提单可通过背书进行转让；不记名提单则只填“To Bearer”字样或留空不填，这种提单无须背书即可转让，因而风险较大。

实践中使用较为普遍的是“空白抬头、空白背书”提单。“空白抬头、空白背书”（To Order Endoresed In Blank或Blank endorsed）就是在提单收货人栏内填“To Order”，并由托运人在提单背面签名，而不注明被背书人（提单受让人）名称。

3. 被通知人（Notify Party）

被通知人应按照信用证要求填写，如来证未做规定，则应填写进口商的详细名称和地址。被通知人通常是收货人（例如开证行）的代理人。被通知人收到收货人的委托后（例如拿到已加注银行背书的提单），即可提货。

4. 船名及航次编号（Vessel's Name and Voyaga Number）

船名及航次编号应按照装船的实际情况填写。之所以要在提单上填写被通知人，是因为“凭指示”（To Order）的指示提单上不注明收货人的名称和地址，所以需要有被通知人的通信地址。

5. 装运港（地）

按照信用证要求，注明实际装船的港口名称。

6. 目的港（地）

按照信用证要求，注明目的港（地）名称。

7. 运费项目

成交条件为CIF或CFR时，提单上应注明“运费预付”（Freight Prepaid），如成交条件为FOB，则应注明“运费到付”（Freight To Collect）。

8. 货物情况

货物情况可以用概括性的商品统称，不必列出详细规格，但应注意不能与信用证规定的货物特征相抵触。

9. 签发地点、日期

签发地点就是装运港（地），签发日期即为装运日，该日期不得晚于信用证上规定的装运期。

10. 正本提单份数

正本提单的签发份数应按照信用证规定的份数填写。

一般来说，国外来证均要求提供清洁提单（Clean on Board B/L），即提单上注明货物已经装在某船上，并且在装船时货物表面状况良好。如果提供的提单是不清洁提单，银行一般不会接受。

关键点提示

企业在缮制海运提单时，应注意以下问题：

1.托运人一般为信用证受益人；2.收货人的填写多使用指示抬头，并加空白背书；3.被通知人一般为进口商；4.根据信用证要求填写装运港和卸货港；5.提单货物情况可以只用概括性的商品统称；6.根据装船的实际情况，填写船名及船次、签发提单的地点和日期；7.根据不同的成交条件，填写运费栏；8.按信用证规定填写正本提单份数。

4.15　如何缮制保险单据

工作场景描述

当对缮制保险单据的方法不甚了解时，可查看。

解读与分析

保险单据是保险公司对被保险人的承保证明，也是被保险人索赔的主要依据。当货物遭受损失后，只有既掌握了提单，又持有保险单据的人才能发起索赔。

保险单据分为保险单（Insurance Policy）、保险凭证（Insurance Certificate）、联合凭证（Combined Certificate）和预约保险单（Open Policy）。其中，保险单是正式的保单，俗称“大保单”，保险凭证是简化的保单，俗称“小保单”，这两种保单较为常用。

在货物出险后，提单和保险单据是挽回损失所必需的两类凭证。下面以保险单为例，对保险单据缮制的主要内容进行说明。

1. 发票号

发票号即出口货物的发票号码。

2. 被保险人

填写信用证受益人的名称时应注意与发票和提单保持一致。被保险人应在保单上加空白背书，以便办理转让。

3. 标记

标记可按信用证规定的唛头填写，或只填“As Per Invoice No.××”（见××号发票）。

4. 包装及数量、保险货物项目

填写货物的件数和名称时应注意与发票和提单保持一致。

5. 保险金额

保险金额需要小写。

6. 总保险金额

将上述小写金额大写即为总保险金额，注意与信用证规定的保险金额保持一致。

7. 保费和费率

通常在保险公司签发保单时，这两栏中已印就“As Arranged”（按约定），如果信用证规定写出具体的保费和费率，则要注明。

8. 装载运输工具

海洋运输填船名和航次；铁路运输填“By Railway”；航空运输填“By Air”。

9. 开航日期

开航日期可填提单日期，或只填“As Per B/L”。

10. 装运港（地）和目的港（地）

填装运港（地）和目的港（地）名称。货物如需转运，可在目的港（地）后加注“W/T at××”字样，注意与提单相符。

11. 承保险别

承保险别应按信用证规定填写。

12. 赔款偿付地点

赔款偿付地点即保险偿付地点。

13. 日期

保险单出具被保险人填制好保险单后，再由保险公司填制其他相关内容并加盖签章后，保险单随即生效。日期不应晚于提单日期。另外，联合凭证是一种比保险凭证更简化的保单，保险公司将承保险别和保险金额及编号写在出口货物发票上，被保险人加盖签章即可，它仅限于凭港澳联行开立的信用证用于港澳地区的业务。预约保险单与其他保单不同，它承保的不是一批货物，而是一定时期内的多批货物。

关键点提示

企业在缮制保险单时，应注意以下问题：

1.保险单的被保险人是信用证的受益人；2.保险险别和保险金额要与信用证规定相符，并注意保险金额的大小写问题；3.保险单的签发日期不应晚于提单签发日期。

4.16 如何缮制产地证

工作场景描述

当对缮制产地证的方法不甚了解时，可查看。

解读与分析

有时国外来证要求出具证明货物原产地的证明，即产地证，以确定货物的应征税率。这时，我国出口商就要到中国国际贸易促进委员会或国家出入境检验检疫局办理出口货物的产地证。产地证关系到货物的应征税率和进口配额等问题，出口商应认真对待。

产地证的缮制包括以下基本内容。

1. 出口商

填写信用证受益人的名称、地址和国籍。

2. 收货人

填写信用证开证申请人的名称、地址和国籍。

3. 运输方式和路线

填写装运港（地）和目的港（地）的名称以及所采用的运输方式、运输路线。

4. 目的地国家（地区）

填写信用证的目的港（地）和所在国家或地区的名称。

5. 标记

标记与发票唛头保持一致。

6. 包装件数和种类、货物描述

包装件数和种类、货物描述可以用概括性的商品统称，不必列出详细规格，但企业应注意不能与信用证规定的货物特征相抵触，并与发票保持一致。

7. 商品 H.S. 税则编码

出口商可查阅《中华人民共和国海关进出口税则》来确定出口商品的H.S.编码。

8. 数量

货物的总件数、总重量等。

9. 发票号码和日期

发票号码和日期按照该批货物的发票填写。

10. 出口商声明

出口商应填写申报产地证的日期、地点并加盖签章，应注意申报日期不能早于发票日期，可以在同一天。

11. 签发机构

产地证通常由出口地的公证行或工商团体签发。

出口商将上述内容填制完毕后，再由签证机构填写其他有关内容，最后注明签署日期和地点并加盖签章，产地证即缮制完毕。

关键点提示

企业在缮制产地证时，应注意以下问题：

1.产地证的各项内容（除货物描述外）应严格按照信用证填写；2.货物描述可使用统称，但注意要与发票保持一致；3.出口商声明一栏的申报日期不可早于发票日期。

4.17　如何缮制其他补充单据

工作场景描述

当对缮制装箱单和重量单、商品检验检疫证书、装船通知等单据的方法不甚了解时，可查看。

解读与分析

有时国外来证还要求提供一些其他单据，如装箱单和重量单、商品检验检疫证书、装船通知等，下面就对这些单据的缮制一一进行说明。

1. 装箱单和重量单

装箱单和重量单由出口商进行缮制，它们主要用来补充商业发票内容的不足，其内容必须与发票和其他单据相一致，便于进口国海关查验和进口商核对货物。企业在制作装箱单和重量单时应注意以下四点。

（1）单据的日期不能早于发票日期，可与发票日期相同。

（2）单据的号码为发票号。

（3）装箱单和重量单是根据国外来证要求制作的，其名称应与信用证规定相符。

（4）单据所述货物情况应与其他单据保持一致。

2. 商品检验检疫证书

商品检验检疫证书既是证明货物品质、规格、数量、重量、包装以及卫生条件的法律鉴定文件，又是进出口商之间解决争议的重要依据。有的信用证规定商品检验检疫证书是出口商向银行议付的单据之一，企业应注意根据信用证的规定出具证明货物相关内容的商品检验检疫证书。

我国的商品检验检疫证书一般由出入境检验检疫局或商检公司出具，其内容包括发货人、收货人、出证日期、货物名称、件数、唛头和检验检疫结果。企业填制时应保证其内容与合同和信用证规定相同。商品检验检疫证书的签发日期应早于提单日期，但也不能太早，如超过证书有效期才装船交货，很可能遭到拒付。

3. 装船通知

装船通知一般发给进口商即可，但如果国外来证要求将装船通知作为向银行议付货款的单据之一，那么企业就应根据信用证规定进行缮制，其内容一般包括信用证号码、发票号码、提单号码及日期、船名及航次、装运港（地）及目的港（地）、货物数量及金额等。如果是在CFR条件下，装船通知同时还是提醒进口商投保的通知，企业还应加上有关商品的具体情况，如品名、规格、包装、唛头等内容。

装船通知就是出口商出运货物后，发给进口商的电报或传真，通知其货物装船的详细情况。装船通知在CFR条件下尤为重要。

装箱单、重量单、商品检验检疫证书和装船通知是对主要议付单据的补充说明。是否需要缮制这些单据应根据国外来证的要求而定，在信用证未做要求时，切忌随意附加、画蛇添足。

关键点提示

信用证规定提交议付的其他单据主要有：

1.装箱单和重量单；2.商品检验检疫证书；3.装船通知。

4.18 如何进行综合审单

工作场景描述

当对议付单据的审核原则和常见错误不甚了解时，可查看。

解读与分析

出口商在按照信用证要求缮制完各种单据后，还应对信用证和各种单据进行汇总、审核。第一，企业要对照信用证审核单据，保证凡是信用证要求的内容都在单据上得到体现，这是纵向审单，以求单证相符；第二，要以发票为中心审核其他单据，保证单据之间互相对照，这是横向审单，以求单单相符。如综合审单无任何问题，出口商才可向银行交单议付。

企业审单时常见的错误如下。

（1）提单未注明“运费已付”或“运费到付”，或与信用证要求不符。

（2）提单应注明“已装船”字样而未注明。

（3）装船日期晚于信用证规定的最后装运日。

（4）所交提单份数与信用证要求不符。

（5）信用证规定应在提单上标注的内容而未标注。

（6）提单上货物的重量和尺码与装箱单或其他单据不一致。

（7）保险单的抬头与信用证规定不符。

（8）投保险别与信用证规定不符。

（9）保险金额与信用证规定不符。

（10）保险单日期晚于提单日期。

（11）保险单的运输标志、件数和货名等与信用证不符。

（12）保险单的货币种类与信用证规定不符。

（13）保险单未加列信用证要求的特别条款。

（14）汇票付款人名称、地址不符，或缮写错误。

（15）汇票付款日期不确切。

（16）汇票金额大于信用证金额。

（17）汇票、提单、保险单应背书而未背书。

（18）发票抬头不是信用证开证申请人。

（19）发票不是信用证受益人签发的。

（20）发票上受益人或申请人的名称或地址有误。

（21）发票份数不足。

（22）单据之间某处不一致，如重量、数量、标记或号码等信息不一致。

（23）缺少信用证规定的单据。

（24）未按信用证要求在单据上签字。

无论对进出口双方还是对银行来说，“单证相符、单单相符”都是审单的统一原则。一般应本着“正确、完整、及时、简明、整洁”的原则来制作单证。

出口商正确、完备地缮制各类单据是安全及时收汇的保证，因此，一定要全面、谨慎地审核单据。

关键点提示

企业在各种单据缮制完毕后，还应将其进行汇总、审核，方法是：

1.对照信用证审核各种单据，保证信用证和单据之间的一致；2.以发票为中心审核其他单据，保证单据之间保持一致。

4.19　如何办理出口合同的议付结汇

工作场景描述

当对出口合同的议付结汇做法不清楚时，可查看。

解读与分析

出口商在完成货物装运，并按规定缮制好应有的单据后，就应在信用证规定的有效期内将单据递交银行办理议付结汇手续。目前我国银行办理信用证出口结汇的做法主要有三种：收妥结汇、出口押汇和定期结汇。

1. 收妥结汇

议付行收到受益人（出口商）提交的单据后，按照“单证相符、单单相符”的原则审查无误后，寄交给国外付款行（通常是开证行）索取货款。待付款行将货款拨入议付行账户后，议付行再按当日外汇牌价，将货款折算成人民币付给受益人。

由于收妥结汇是议付行等到国外付款行付款后，再向出口商支付，因此往往造成我国的议付行审单不认真、不及时，单据寄交国外开证行后遭到退单、拒付或提出不符点，从而导致出口商无法安全快速收汇。

2. 出口押汇

议付行在审单无误后，按照信用证条款买入出口商的汇票和单据，从票面金额中扣除从议付日到收到票款之日的利息，再将余下的款项按议付当日的牌价折算成人民币，付给出口商。由于出口押汇相当于议付行垫付货款，因而可以提高议付行审单的质量和效率。对出口商来说，出口押汇可以及时得到货款，加速企业资金周转。

3. 定期结汇

议付行在审单无误后，将单据寄交国外付款行，并根据向付款行索取货款的时间长短，预先确定一个固定的结汇期限，待到期后，将票款折算为人民币交付给出口商。

出口商无论采用哪种方式议付结汇，开证行都要在确认单据与信用证完全相符后才会付款，因此，出口商正确、完备地缮制各种单据是安全快速结汇的最终保证。

关键点提示

我国银行议付货款的方式主要有：

1.收妥结汇；2.出口押汇；3.定期结汇。

4.20 如何办理出口退税

工作场景描述

当对出口退税的程序不清楚时，可查看。

解读与分析

出口退税是指出口产品后税务部门凭有关单据，按规定比率向直接出口企业退回出口产品被征收的产品税、增值税或特别消费税等已征税款。

为鼓励出口，我国对出口商品实行退税制度，将其所缴纳的国内税退还给出口商。出口企业应向所在地主管退税业务的税务机关提交《出口企业退税登记》，申请出口退税，同时应提供下列资料。

（1）报关单。

（2）出口销售发票。

（3）进货发票。

（4）结汇水单或收汇通知书。

（5）外汇管理部门出具的出口收汇已核销证明。

（6）属于生产企业直接出口或委托出口的自制产品，如以CIF价结算，还应提供出口货物的运输单据和保险单据。

企业按照相关要求填写好《出口企业退税登记》后，加盖企业公章和有关人员印章后，连同上述相关资料一起报送税务机关，税务机关经审核无误后，即受理登记。

关键点提示

出口商办理出口退税时需要随附的单据包括以下内容：

1.报关单；2.出口销售发票；3.进货发票；4.结汇水单或收汇通知书；5.外汇管理部门出具的出口收汇已核销证明；6.出口货物的运输单据和保险单据。

4.21　如何进行出口商品的理赔工作

工作场景描述

当需要处理国外进口商提出的索赔要求时，可查看。

解读与分析

在履行出口合同的过程中，如因出口方未按合同规定履行义务或履约过程中发生意外，致使进口方遭受损失，就会产生索赔问题。在实际贸易中，进口商向出口商提出索赔往往是因为其交货的品质、数量或包装等不符合合同规定。注重证据、有理有节是理赔的基本原则。

在处理这种索赔时，出口商应从以下几方面着手。

（1）出口商要仔细分析国外进口商出具有关证据的出证机构、出证时间、出证方法和结论，排除进口商串通出证机构进行诈骗或出证机构检验有误的情况。

（2）出口商要认真谨慎地分析案情，查出原因，分清责任，会同生产部门和运输部门对商品生产、包装、贮存和运输等过程进行调查，对照有关单证和进口商的证据进行分析。如处理货损、货差索赔，出口商则要考虑货损货差的时间、地点、致损的主要原因、运输方式、贸易条件、保险责任和险别等，以确定损害的程度和责任。如果责任属于运输部门和保险公司，应交给有关责任部门处理；如果确实属于本方责任，应实事求是地予以赔偿。

（3）对本方责任引起的损害，要合理确定损失程度、损失金额和赔偿办法。对进口商提出的不合理要求，应依照可靠材料进行反驳，尽量耐心说服对方，避免采取极端方式。

出口商在处理进口商的索赔要求时，应积极进行调查分析，确认事故原因和责任，这样才能迅速解决问题，并建立起良好的信誉，稳定同外商的经贸关系。

关键点提示

出口商在进行理赔时，应注意以下几点：

1.分析进口商提出的证据和出证机构是否可信；2.会同有关部门进行调查，分清责任；3.合理确定损失程度和赔偿办法。

4.22 如何申领进口许可证

工作场景描述

当对需要许可证的进口货物办理申领手续时，可查看。

解读与分析

凡国家或地区规定必须取得进口许可证方可进口的商品，在进口之前必须申领进口许可证。企业申领进口许可证的一般程序如下。

1. 申请

进口商向商务部的发证机关提出申请报告，内容包括进口货物名称、规格、数量、单价、总金额、进口国别、贸易方式及出口商名称等，在递交申请时还应附有相关的证件和材料，如主管部门的批准文件等。

2. 填表

发证机关对上述申请和材料审核通过后，由进口商填写《中华人民共和国进口许可证申请表》并加盖企业公章。

3. 领证

发证机关在申请表递交后3个工作日内，签发进口许可证，进口商凭此办理进口报关和银行付汇手续。

进口许可证自签发起一年内有效，如一年内企业没有对外签订合同，则进口许可证作废，此后如需进口，则须重新申领进口许可证；如企业已对外签订合同，但一年内货物未实际进口，可持合同及原进口许可证到发证机关申请延期。

关键点提示

企业申领进口许可证的程序是：

1.向发证机关提出申请报告，并附有关证件；2.审核通过后填申请表并加盖公章；3.领取进口许可证凭此办理进口报关和付汇手续。

4.23　如何开立信用证

工作场景描述

当对开立信用证的一般手续和相关单据不清楚时，可查看。

解读与分析

进口合同签订后，进口商应在规定期限内向当地银行申请开立信用证。开证时间应按合同规定办理，如合同规定在出口方确定交货期或支付保证金后开证，企业就应在收到上述通知后办理。企业申请开证的一般手续如下。

1. 向开证行提交开证申请书

开证申请书是银行开立信用证的依据，也是申请人与银行之间的契约。进口商（开证申请人）应严格按合同的各项规定完整、明确地填写申请书，力求做到正确无误。

申请书内容包括两方面：一是开证行在信用证上列明的内容，如货物情况、议付单据等，这部分也是开证行向受益人付款的依据；二是开证申请人的声明，如企业承认在付款赎单前开证行对单据和货物的所有权等等。

2. 交纳开证押金和其他手续费

开证申请人开立信用证，应向开证行支付一定比例的押金或抵押品，押金一般为信用证金额的百分之几到几十不等，此外，还应支付开证手续费和邮电费等相关费用。

3. 提交有关证明和文件

开证申请人除交纳押金等费用外，还应提供进口合同、进口许可证或有关批文等证明。如果是首次开证的申请人，还需提供工商部门颁发的营业执照和主管部门批准成立的证书。

4. 开证行对相关内容进行审核后开立信用证

开证行对开证申请人资信和开证申请书的内容审核无误后，根据申请书向信用证受益人开出信用证，将正本寄交给通知行，另给开证申请人一份信用证副本，同时开证行本身也留存一份或几份副本。

信用证开出后，开证行和开证申请人都受开证申请书的约束，应当承担相应的义务。应开证申请人的要求，开证行可以将信用证邮寄给通知行，即信开证（L/C Opened by mail）；也可以电报、电传等电信方式传递给通知行，即电开证（L/C Opened by teletransmission）。电开比信开的邮电费高，但速度较快。

关键点提示

进口商申请开立信用证的手续一般是：

1.向开证行提交开证申请书；2.交纳开证押金和其他手续费；3.提交相关证明和文件；4.开证行对相关内容进行审核后开出信用证。

4.24 如何修改信用证

工作场景描述

当开出信用证后又需要对其进行修改时，可查看。

解读与分析

信用证开出后，如发现其内容与申请书或合同不符，或贸易双方修改了合同，企业就需要对信用证进行修改。信用证的修改可以由开证申请人提出，也可以由受益人提出。由于修改信用证会涉及各个当事人（开证行、保兑行、受益人）的利益，因此，按照国际惯例，信用证，尤其是不可撤销的信用证在修改时，须征得有关当事人同意。

根据《跟单信用证统一惯例》规定，受益人对修改表示拒绝的方式有两种：一种是接到修改通知时，立即向通知行提交拒绝修改的声明；一种是接到修改通知时不加表示，而在交单议付时表示拒绝修改，同时，所提交的单据需符合原信用证条款。

开证申请人修改信用证时应把握以下几个原则。

（1）开证申请人对修改信用证应持慎重态度，如确实影响合同执行的，应提出更改申请；凡属于可改可不改的，应仔细权衡，灵活掌握。如合同规定可以分批装运而信用证规定不可以，而出口方实际装运时可以不分批，就不需要修改信用证。

（2）开证申请人对需要修改的内容原则上应一次提出，一是因为改证费用较高，二是因为多次改证有可能会延误货物装运。

（3）受益人提出修改时，应电报或电传通知开证申请人，同时对信用证修改书到达的期限作出规定。

（4）开证申请人提出修改时，受益人有权决定是否接受，在其未表示接受之前，原信用证继续有效。但是，受益人对同一修改通知中的内容只能全部接受或全部拒绝，不能只接受部分内容。

（5）如果原信用证加了保兑，信用证修改后，保兑行有权对修改不保兑，但保兑行它必须及时将该情况通知开证行和受益人。

（6）如果对于修改的内容和原信用证，受益人都不能接受，受益人应尽快向开证方发出拒绝接受的通知并要求对方重新修改信用证，否则难保其利益。

无论是对进口商来说，还是对出口商来说，修改信用证都是一件费时、耗力的工作，因此，开证时申请人就应持审慎态度，仔细填写开证申请书，保证各项条款和内容的明确无误。一旦需要修改，申请人应及时联络各个当事人，对需更正之处逐一核实，以防再次失误，影响合同履行。

关键点提示

企业修改信用证时，应注意以下几点：

1.对修改信用证持慎重态度；2.对需要修改的内容原则上应一次性提出；3.受益人提出申请时，应电报或电传通知开证申请人；4.受益人有权拒绝开证申请人提出的修改；5.原证的保兑行有权对修改之处不加保兑；6.受益人对修改书和原信用证都不接受时，应尽快要求开证方重新修改信用证，并发出拒绝接受的通知。

4.25 如何办理进口货物的托运和投保

工作场景描述

当对进口货物的托运与投保过程中应注意的问题不清楚时，可查看。

解读与分析

在FOB和CFR条件下的进口合同，进口商负责办理货物的投保事宜，尤其应注意船货的衔接问题。FOB和CFR条件下的进口合同，船货衔接的问题至关重要。

在FOB和CFR条件下进口货物托运和投保的基本程序如下。

（1）出口商（受益人）在交货前一定时期内将预计装运日期通知进口商（开证申请人）。

（2）进口商在接到备货通知后，填好托运单，连同进口合同副本递交托运机构办理托运手续。

（3）进口商办妥托运手续后，在规定的期限内将船名、船期及时通知出口商。

（4）发出装运通知后，进口商还应随时了解出口商的备货工作和装船前的准备工作，并催促对方按时将货物装于指定船只。必要时可派人或请我国驻外机构就地督促外商履约。

（5）出口商将货物装船后，应及时向进口商发出装船通知。

（6）进口商收到装船通知后，立即向保险公司投保，填写运输险投保单，经保险公司签署同意后，取得正式的保险单。

在FOB和CFR条件下，进口商负责货物的运输和保险的办理。在此阶段，进出口双方应随时联系，了解对方的工作进度，保证货物出运的有序进行。

一般来说，进口次数较少的企业可采用上述方式对进口业务进行逐笔投保；进口次数较多的企业可以事先同保险公司签订预约保险合同，此后每次进口，在收到国外的装船通知后将有关内容通知保险公司，即可办妥保险手续。

关键点提示

在FOB和CFR条件下，进口商办理货运和保险事宜的基本程序如下：

1.进口商提前通知进口商预计装运日期；2.进口商在收到出口商的预计装运时间的通知后，办理托运手续；3.进口商办妥托运后在规定期限内将船只情况通知出口商；4.进口商随时了解出口商的备货情况，催促对方按时装运；5.出口商应及时向进口商发出装船通知；6.进口商收到装船通知后立即办理货运保险。

4.26 如何辨别出口商提交单据的真伪

工作场景描述

当国外出口商提交的信用证下议付单据真伪难辨时，可查看。

解读与分析

在信用证付款方式下，由于付款行和议付行都是仅凭单据即行付款，因而就不免出现一些不法出口商伪造议付单据，借机骗取钱款的情况。

伪造议付单据，有的只是在真单据上面填写了不实的情况，而有的则是从单据本身到内容都是伪造的。进口商要识别这些伪造单据，就应从单据的内容和单据本身两方面入手，通过有关部门进行核查。

1. 在真单据上伪造内容

这种造假方式有一些常见的漏洞，如公司的地址、电话号码是虚构的，还有的存在明显错误，如装运的货物数量超过装运船只的载重量、提单所载的船只不适合运输该种商品等。对于虚构地址、电话的，进口商可以通过电话直接加以证实；对于提单数量、船只等存在明显错误的，进口商则需要通过有关机构，如船公司进行仔细核查。

2. 伪造单据

这种造假方式常见的漏洞有：拼写错误，如来自美国或欧洲的单据，却存在着异于该地区习惯方式的拼写；印刷粗糙，如排版高低不平、字迹不匀、段落空格不一致等。另外，一般有价单据都会使用带有水印的特殊纸张，而伪造单据很难做到。进口商审核单据时，查核提单真假最重要，这不仅因为提单是物权凭证，代表整批货物的价值，而且因为一旦查出提单是假的，那么其他一切单据都是假的。

如果进口商在审核单据时发现疑点，应通过有关机构和部门做进一步调查；另外，造假者一般都觊觎大宗交易，这就提醒进口商在审核大额单据时应加倍注意。

如果进口商在审单时对船只、航程等情况有怀疑，可以将提单传真给国际海事局，请其对船名、货物名称、重量、装卸港名称、船公司名称和提单号等进行查证，一般3天之内就可签复。这种方法费用较低，也较为可靠。

关键点提示

伪造的议付单据有以下两种：

1.真单据上载有伪造的公司地址、电话和船只信息等内容；2.单据本身是伪造的，一般其拼写、格式和纸张都较粗糙。

4.27　如何办理进口货物的报关手续

工作场景描述

当对进口货物的报关手续及有关单据不清楚时，可查看。

解读与分析

进口商向开证行付款赎单后，应在装载货物的船只申报进境之日起14天内，派专业报关员或委托报关行向海关申报，海关查验放行后，才可提取进口货物。办理进口报关的一般程序如下。

1. 申报

申报时，除填写进口货物报关单外，报关员还应提交有关单证，如进口许可证、提单、发票、装箱单、产地证明和进口合同等。如果进口货物属于法定检验商品，还须先向口岸的商检机构登记报验，在货物通知单上加盖“已接受登记”印章后，随附出口商提交的检验证书，进口商才能向海关报关。

2. 海关查验

海关在接受报关单位的申报后，依照申报单证，对进口货物进行实际核查，以确定单证和货物是否相符。查验地点一般在海关监管区的进出口口岸的码头、车站和机场等场所。如有特殊情况，也可以在作业现场进行查验。

3. 纳税

在对进口货物进行查验、审核后，海关将对货物计征进口税。货物在进口环节由海关征收或代收的税种有：关税、产品税、增值税、工商统一税及进口调节税等。海关征税的一般程序是：确定税则分类；确定适用税率；确定完税价格；计算税额；收缴进口税。我国海关计征关税以CIF价格作为完税价格，如果不是以CIF价格成交的，需换算成CIF价格。

（1）进口关税额的具体计算公式如下：

$$完税价格=CIF价格$$

$$完税价格=（FOB价格+运费）\div（1-保险费率）$$

$$完税价格=CFR价格\div（1-保险费率）$$

$$进口关税税额=完税价格\times进口关税税率$$

（2）产品税、增值税和工商统一税计算公式如下：

$$应纳税额=完税价格\times税率$$

$$完税价格=\frac{CIR+关税}{1-税率}$$

（3）进口调节税计算公式如下：

$$进口调节税税额=CIF价格\times进口调节税税率$$

4. 海关放行

缴纳关税后，海关在货运单据上签章放行。

进口货物在办理完上述申报、查验、纳税手续并经海关签章放行后，进口商或其代理人即可持印有“放行”章的货运单提取进口货物。

关键点提示

企业办理进口货物报关的基本程序如下：

1.申报；2.海关查验；3.纳税；4.海关放行。

4.28 如何办理进口商品检验手续

工作场景描述

当对进口商品的检验程序及有关单据不清楚时，可查看。

解读与分析

进口商提取货物后，应在规定期限内进行商品检验，以确定货物是否合格，还有些商品必须实行法定检验，未经检验或检验不合格的，一律不准投产、销售和使用。具体商品种类请查看《商检机构实施检验的进出口商品种类表》。

我国进口商品检验的一般程序如下。

1. 登记

对于法定检验的进口商品，进口商应持进口货物通知单，向卸货口岸商检机构办理进口商品登记，商检机构审核登记后，在通知单上加盖“已接受登记”章，海关凭此章审核放行；非法定检验的进口商品无须办理进口登记，可直接报验。

2. 报验

对于法定检验的进口商品，在登记放行后，进口商必须在规定的地点和期限内，携带进口合同的副本、提单、发票、装箱单、进口货物通知单等，向商检机构报验；对于非法定检验商品，无须办理进口登记，进口商可自行组织检验，一旦发现问题，应保持现状，并立即向当地商检机构申请报验。

3. 检验

商检机构按照法律或合同规定的检验程序，在合同规定的索赔期限内对进口商品进行检验，检验的内容一般包括商品品质、规格、数量、重量、包装以及卫生情况等。

4. 出证

进口商品检验合格后，商检机构出具检验情况通知单；如不合格，则出具检验证书以作为对外索赔的依据。

5. 法定检验的进出口商品范围

我国商检机构和国家商检部门、商检机构指定的检验机构对进出口商品实行法定检验的范围如下。

（1）对《商检机构实施检验的进出口商品种类表》里的进出口商品进行检验。

（2）对出口食品的卫生进行检验。

（3）对出口危险货物包装容器的性能鉴定和使用鉴定。

（4）对装运出口易腐烂变质食品、冷冻品的船舱、集装箱等运载工具的运载检验。

（5）对有关国际条约规定或其他法律、行政法规规定必须经商检机构检验的进出口商品进行检验。

进口商一旦发现进口商品有残损短缺等不合格的情况，应在合同规定的期限内，凭商检局出具的检验证书进行索赔，不可随意对这些商品进行销售和使用。

关键点提示

进口商对进口商品办理报验的程序如下：

1.登记；2.报验；3.检验；4.出证；5.法定检验的进出口商品范围。

4.29 如何办理进口商品的索赔

工作场景描述

当由于进口商品的品质、数量等与合同不符而需向国外出口商、船公司或保险公司提出异议与索赔时，可查看。

解读与分析

如果进口商品的品质、数量、包装等不符合进口合同的规定，进口商就应向有关方面提出索赔。国际贸易涉及环节较多，索赔时有发生，为避免索赔工作中的失误，进口商应把握以下几个关键内容。

1. 明确索赔对象

进口商要进行索赔，首先要分清责任归属，确定应承担损失赔偿责任的对象。业务中通常发生的索赔原因有如下几种。

（1）数量短少。如果进口商开箱检验时，发现某件货物的实际数量与装箱单不符，应向出口商索赔；如果总件数与合同不符，而提单表明货物已全数装运时，可能是船公司误卸或短卸，也可能是货物途中被盗或遗失，这时的索赔对象就分别是船公司和保险公司。

（2）包装破损导致货物受损。当出现此类情况时，如果是因出口商提供的包装不适合货物特性或运输条件导致的，进口商应向出口商索赔；如果提单是清洁的，而货有残损（如钩损）等，进口商应向船公司索赔；如果是运输途中遇到自然灾害或意外事故而导致的，进口商应向保险公司索赔。

（3）货物的品质规格与合同不符。如货物品质低劣，本身就有瑕疵，进口商应向出口商索赔；如果是运输途中发生的自然灾害引起的，进口商则应向保险公司索赔。

2. 注意索赔期限

商品索赔必须在合同规定的索赔有效期内进行，过期无效，因此，进口商办理索赔时一定要注意有关索赔的期限规定。

（1）向出口商提出索赔的期限：一般就是合同规定的索赔期限，如果合同未做明确规定，则为商品的品质保证期，但应注意，最长的索赔期限为进口商收到货物之日起2年。

（2）向船公司提出索赔的期限：一般应在提货之日起3天之内，如果索赔未被船公司受理，进口商可在货物交付之日起1年内对船公司提起诉讼。

（3）向保险公司提出索赔的期限：中国人民保险集团股份有限公司规定的索赔期限从货物在最后卸载港全部卸离海轮后起算，最多不超过2年。

3. 提供索赔依据

索赔对象不同，进口商应出具的索赔依据也不尽相同。

（1）向出口商索赔的依据：进口合同及往来函电、检验报告、货损证明、提单、装箱单、发票等。

（2）向船公司索赔的依据：残损检验证书、货损清单、提单、发票和修理单等。

（3）向保险公司索赔的依据：保险单、提单、发票、装箱单、检验报告、船公司签发的事故证明、海难报告、修理费用清单等。

4. 确定索赔金额

索赔金额除受损商品的价值外，还可以将有关费用都包括进去，如商检费用、装卸费、银行手续费、仓租、利息等，至于包括哪几项，进口商应视具体情况而定。

在确定索赔事项的过程中，进口商应妥善保管索赔的货物中具有代表性的复验样品，注意维持原状；对提出退货或换货的商品，在未结案前不得动用，对不需退换的商品，应保留一定量的不合格品。

关键点提示

进口商提出索赔时，应把握以下几个内容：

1.明确索赔对象；2.注意索赔期限；3.提供索赔依据；4.确定索赔金额。

第5章

国际贸易商务礼仪常见问题

在国际商务活动中，商务礼仪因国别、地域、文化背景和政治制度等不同而千差万别。为了更好地与不同国家的人进行商务交往，就应了解其生活方式，知道其心理特点和日常禁忌，尊重其礼俗习惯。而重中之重就是要懂得并尊重我国主要贸易对象的礼仪和风俗。

5.1 如何展现积极健康的精神状态

工作场景描述

当想以积极健康的精神状态出现在商务场合中时，可查看。

解读与分析

通常所说的“仪容”，主要指的是面容及其他暴露在外的肢体部分的姿态和仪表。由于仪容是商务交往中最先被对方观察到的地方，所以修饰是必不可少的。

1. 对面部的要求

商务礼仪对面容最基本的要求是：时刻保持面部干净清爽，无汗渍和油污。修饰面部，首先要做到清洁，清洁面部最简单的方式，就是勤洗脸。午休、用餐、出汗、劳动或者外出之后，都应及时洗脸。

下面具体讲解对不同部位的要求。

（1）眼部。

①清洁。眼部分泌物要及时清除。

②修眉。若眉形刻板或不雅观，可进行必要的修饰。但尽量不要纹眉，更不要剃掉眉毛。

③墨镜。戴墨镜出现在商务场合，会显得不伦不类，或有拒人千里之外之嫌。

（2）耳朵。

①保洁。平时洗澡、洗头、洗脸时，应清洗耳朵，及时清除耳孔中的分泌物。

②耳毛。个别人士耳毛长得较快，当耳毛长出耳孔外时，就应进行修剪。

（3）鼻子。

①干净。鼻腔要随时保持干净，不要让鼻涕或别的东西充塞鼻孔。

②鼻毛。经常修剪长到鼻孔外的鼻毛。

（4）口部。

①清洁口腔。牙齿洁白、口腔无异味，是对口腔的基本要求。为此，应坚持每天早、中、晚刷三次牙。尤其是饭后，一定要刷牙，以去除残渣、异味。另外，在重要应酬之前忌食蒜、葱、韭菜、萝卜及腐乳等可让口腔发出刺鼻气味的东西。

②清除胡须。在正式场合，男士留着乱七八糟的胡须，一般会被认为是很失礼的行为，而且会显得邋里邋遢。女士口部周围如果汗毛过于明显，也应及时清除。

③禁止异响。在社交场合，由于咳嗽、打哈欠、打喷嚏、吐痰、清嗓、吸鼻、打嗝及放屁等发出的不雅之声统称为异响，应当禁止出现。禁止异响，重在自律。如果不慎发出异响，要向身边的人道歉。

（5）脖颈。

①清洁。不要只顾着脸上干干净净，而忽视对脖子的照顾。尤其是脖后、耳后，绝不能成为“藏污纳垢”的地方。

②护肤。脖子上的皮肤较为细嫩，应给予呵护，防止过早老化。

2. 对手臂的要求

手臂是肢体中使用最多、动作最多的部分，要完成各种各样的手语、手势，因此，难免吸引众多的目光。如果手臂形象不佳，人的整体形象将大打折扣。手臂的修饰，可以分为手掌、肩臂与汗毛三个部分。

（1）手掌。

手掌是手臂的中心部位，也是手语的关键部位。对它的修饰必须做到以下几点。

①干净。在日常生活中，手是接触他人和物体最多的地方。从清洁、卫生、健康的角度谈，也应当勤洗手。餐前便后、外出回来及接触各种东西后，都应及时洗手。

②修剪指甲。手指甲应定期修剪，最好每周修剪一次。手指甲的长度以不超过手指指尖为宜。

③健康。对于手部要悉心照料，不要让它处于不健康的状态。发现死皮后，应立即将其修剪掉，但不要当众进行，更不要用手去撕或用牙去咬。手部皮肤如果粗糙、红肿、皲裂，要及时护理、治疗。若长癣、生疮、发炎、破损、变形，不仅要治疗，还要避免接触他人。

（2）肩膀。

在正式商务场合中，肩膀不应当裸露在衣服之外。

（3）汗毛。

①由于个人生理条件不同，个别女性手臂上汗毛长得过浓或过长。这种情况，最好是采用适当的方法脱毛。

②在他人面前，尤其是在外人或异性面前，腋毛是不应被对方看见的，否则，即为失礼。

3. 对腿部的要求

腿部在近距离之内为他人所注目，因此腿部的修饰必不可少。腿部的修饰主要分为脚部、腿部和汗毛三部分。

（1）脚部。

①不应裸露。在正式的社交场合不允许光着脚穿鞋子，也不能穿使脚部过于暴露的鞋子（如拖鞋、凉鞋）。

②清洁。注意保持脚部的卫生，保证脚部无异味。在非正式场合光脚穿鞋子时，要确保脚部的干净、清洁。

③脚趾。脚指甲要勤于修剪，最好每周修剪一次。脚趾通常不应露出鞋外。

（2）腿部。

①在正式场合，不允许男士暴露腿部，即不允许男士穿短裤。

②在正式场合，女士可以穿长裤、裙子，但不得穿短裤或暴露大部分大腿的超短裙。

（3）汗毛。

①男子成年后，一般腿部的汗毛都很重，所以在正式场合不允许穿短裤或卷起裤管。

②女士的腿部汗毛如果过于浓密，应剃掉，或选穿深色丝袜，加以遮掩。没有剃掉过于浓密的汗毛之前，切忌穿浅色的透明丝袜。

事实证明，在人体先天条件的基础上做些必要的修饰，可以使自己更加从容、自信。

关键点提示

修饰仪容包括以下三个方面：

1.面部；2.手臂；3.腿部。

5.2 如何解读和利用表情

工作场景描述

当准备用表情增强表达效果或者解读他人表情时，可查看。

解读与分析

在人际交往中，表情时常反映着人们的思想、情感及其心理变化。而且，表情传达的感情信息要比语言巧妙得多。在商务活动中，表情的作用更是不容小觑。

当然，把握表情不是一件容易的事。从大体上说，人的眼神、笑容、面容是表达感情最主要的三个方面。

1. 了解商务活动中不同眼神的含义

眼神，多数时候能够最明显、最自然、最准确地显示一个人的心理活动。

（1）注视的时间。注视对方时间的长短是十分有讲究的。

①表示友好。向对方表示友好时，应不时地注视对方。注视对方的时间约占全部相处时间的1/3左右。

②表示重视。向对方表示关注，应常常把目光投向对方那里。注视对方的时间约占全部相处时间的2/3左右。

③表示轻视。目光经常游离对方，注视对方的时间不到全部相处时间的1/3，就意味着轻视。

④表示敌意。目光始终盯在对方身上，注视对方的时间在全部相处时间的2/3以上，

被视为有敌意。

⑤表示感兴趣。目光始终盯在对方身上，偶尔离开一下，注视对方的时间在全部相处时间的2/3以上，同样也可视为对对方较感兴趣。

（2）注视的角度。注视别人时，目光的角度，即目光从眼睛里发出的方向，表示与交往对象的亲疏远近。

①平视。也叫正视，即视线呈水平状态。常用于在普通场合与身份、地位平等的人进行交往时。

②侧视。是一种平视的特殊情况，即位于交往对象的一侧，面向并平视着对方。侧视的关键在于面向对方，若斜视对方，即为失礼之举。

③仰视。即主动居于低处，抬眼向上注视他人，以示尊重、敬畏对方。

④俯视。即向下注视他人，可表示对晚辈宽容、怜爱，也可表示对他人轻慢、歧视。

（3）注视的部位。允许注视的常规部位有以下几处。

①双眼。注视对方双眼，表示自己重视对方，但时间不要太久。

②额头。注视对方额头，表示严肃、认真、公事公办。

③眼部、唇部。注视这一区域，表示尊重对方。

④任意部位。对他人身上的某一部位随意一瞥，多用于在公共场合注视陌生人，最好慎用。

2. 了解商务活动中不同笑容的含义

笑容，即人们在笑的时候的面部表情。利用笑容，人们可以消除彼此间陌生感，打破交际障碍，为更好地沟通与交往创造有利的氛围。

（1）笑的种类。在商务交往中，合乎礼仪的笑容大致可以分为以下几种。

①含笑。不出声，不露齿，只是面带笑意，表示接受对方，待人友善，适用范围较为广泛。

②微笑。唇部向上移动，略呈弧形，但牙齿不外露，表示自乐、充实、满足、会意、友好，适用范围最广。

③轻笑。嘴巴微微张开一些，上齿显露在外，不发出声响，表示欣喜、愉快，多用

于会见客户、向熟人打招呼等情况。

④浅笑。笑时抿嘴，多见于年轻女性表示害羞之时，通常又称为抿嘴而笑。

⑤大笑。表现得太过张扬，一般不宜在商务场合中使用。

（2）笑的方法。笑的共性是面露喜悦之色，表情轻松、愉快。但是，如果发笑的方法不对，要么笑得比哭还难看，要么会显得非常假，甚至显得很虚伪。

正确笑的方法如下。

①发自内心。笑的时候要自然、大方、亲切。

②声情并茂。笑的时候，要做到表里如一，使笑容与自己的举止、谈吐有很好的呼应。

③气质优雅。笑的时候，要讲究笑得适时、尽兴，更要讲究精神饱满，气质优雅。

④表现和谐。从直观上看，笑是人们的眉、眼、鼻、口、齿、面部肌肉和声音所进行的协调行动。

（3）笑的禁忌。在正式场合笑的时候，严禁下述几种笑出现。

①假笑。即笑得虚假，皮笑肉不笑。

②冷笑。即含有怒意、讽刺、不满、不屑一顾、不以为意等敌意的笑。

③怪笑。即笑得怪里怪气，令人心里发麻，多含有恐吓、嘲讽之意。

④媚笑。即有意讨好别人，并非发自内心，具有一定功利性的笑。

⑤怯笑。即害羞、怯场，不敢与他人交流视线，甚至会面红耳赤。

⑥窃笑。即偷偷地洋洋自得或幸灾乐祸的笑。

⑧狞笑。即面容凶恶的笑，多表示愤怒。

3. 了解商务活动中不同面部表情的含义

面部表情是指人们面部所显示出的综合表情。它对眼神和笑容起到辅助作用，同时，也可以表达独特的含义。

一般情况，通过面容所显露的表情，既有面部各部位的局部表达，也有它们的彼此合作，综合表达。

（1）局部的表达。人的眉毛、嘴巴、鼻子、下巴、耳朵都可以通过其状态的变化来表达情绪和想法。

①眉毛的表达。以眉毛的形状变化表达情绪，一般叫作眉语。除配合眼神外，眉语也可独自表意。

A.皱眉型：双眉紧皱，多表示困窘，不赞成、不愉快。

B.耸眉型：眉峰上耸，多表示恐惧、惊讶或欣喜。

C.竖眉型：眉角下拉，多表示气恼、愤怒。

D.挑眉型：单眉上挑，多表示询问。

E.动眉型：眉毛上下快动，一般用来表示愉快、同意或亲切。

②嘴巴的表达。嘴巴的不同动作往往可以表示不同的心理状态。

A.张嘴：嘴巴大开，表示惊讶。

B.抿嘴：含住嘴唇，表示努力或坚持。

C.撅嘴：撅嘴嘴巴，表示生气或不满。

D.撇嘴：嘴角一撇，表示鄙夷或轻视。

E.努嘴：嘴巴努向某方，表示怂恿或支持。

F.拉嘴：拉着嘴角，上拉表示倾听，下拉表示不满。

③鼻子的表达。

A.挺鼻：表示倔强或自大。

B.缩鼻：表示拒绝或厌弃。

C.皱鼻：表示好奇或吃惊。

D.抬鼻：表示轻视或歧视。

E.摸鼻：表示亲切或重视。

（2）综合表达。

①表示快乐：眼睁大，嘴巴张开，眉毛常向上扬。

②表示兴奋：眼睁大，眉毛上扬，嘴角微微上翘。

③表示兴趣：嘴角向上，眉毛上扬，眼睛轻轻一瞥。

④表示严肃：嘴角抿紧下拉，眉毛拉平，注视额头。

⑤表示敌意：嘴角拉平或向下，皱眉皱鼻，眼睛稍微一瞥。

⑥表示发怒：嘴角向两侧拉，眉毛倒竖，眼睛大睁。

⑦表示观察：微笑，眉毛拉平，平视或视角向下。

⑧表示无所谓：平视，眉毛展平，整体面容平和。

表情礼仪是我们应该认真学习的科目，因为因忽视表情而“大意失荆州”的案例屡见不鲜。在商务交往中利用好丰富的表情，能大大增强交流的效果。反之，则很难理解对方的真实含义，错失商机。

关键点提示

利用或解读表情需要做到以下几点：

1.懂得眼神的运用；2.了解笑所包含的内容；3.掌握面部表情表达的信息。

5.3 如何行合适的见面礼

工作场景描述

当考虑在见面时如何施礼时，可查看。

解读与分析

在商务活动交往中，见面时行一个标准的见面礼，直接体现出施礼者良好的修养，会给对方留下深刻而又美好的印象。

需要掌握的常用见面礼如下：

1. 东方礼节

（1）作揖礼。

作揖礼，即拱手礼，是华人中最流行的见面礼。行礼方式是起身站立，上身挺直，两臂前伸，双手在胸前高举抱拳，自上而下，或者自内而外，有节奏地晃动两三下。

作揖礼主要适用于过年时举行团拜活动，向长辈祝寿，向友人恭喜结婚、生子、晋升、乔迁，向亲朋好友表示感谢，以及与初次见面时表示久仰之意。

（2）鞠躬礼。

行鞠躬礼时，应脱帽立正，双目凝视受礼者，然后上身弯腰前倾。男士双手应贴放于身体两侧裤线处，女士的双手则应下垂搭放在腹前。下弯的幅度越大，表示的敬重程度就越大。

鞠躬礼目前在国内主要适用于向长者表示敬重、向他人表示感谢、领奖或讲演之后、演员谢幕、举行婚礼或参加追悼会等活动。鞠躬的次数，可视具体情况而定。唯有追悼活动才采用三鞠躬，故在喜庆场合，鞠躬次数不可为三。

（3）合十礼。

合十礼，亦称合掌礼，即双手十指相合为礼。具体做法是双掌十指在胸前相对合，五手指并拢向上，掌尖与鼻尖基本持平，手掌向外侧倾斜，双腿立直站立，上身微欠，低头。可以口颂祝词或问候对方，亦可面含微笑。但不能在行礼时手舞足蹈，点头不止。行此礼时，合十的双手举得越高，越体现出对对方的尊重，但原则上不可高于额头。

2. 西方礼节

（1）拥抱礼。

拥抱礼的动作要点是：两人面对面站立，各自举起右臂，将右手搭在对方左肩后面；左臂下垂，左手扶住对方右腰后侧。首先各向对方左侧拥抱，然后各向对方右侧拥抱，最后再一次各向对方左侧拥抱，一共拥抱 3 次。在普通场合行此礼，不必如此讲究，次数也不必如此严格。

在西方，特别是在欧美国家，拥抱礼是十分常见的见面礼与道别礼。在人们表示慰问、祝贺、欣喜时，这种礼仪也十分常用。

（2）亲吻礼。

亲吻礼是一种西方国家常用的会面礼。有时，它会与拥抱礼同时采用，即双方会面时既拥抱，又亲吻。

在行礼时，因双方关系的不同，亲吻的部位也会有所不同。长辈吻晚辈，应当吻额头；晚辈吻长辈，应当吻下颌或吻面颊；同辈之间，同性应当贴面颊，异性应当吻面颊。接吻仅限于夫妻与恋人之间。需要注意的是，行亲吻礼时，非常忌讳发出亲吻的声音。如果将唾液弄到对方脸上，是非常尴尬的事情。

（3）吻手礼。

正确的吻手礼是：男士行至已婚女士面前，首先垂首立正致意，然后以右手或双手捧起女士的右手，俯首用自己微闭的嘴唇，去象征性地轻吻一下指背。

这种礼节，主要流行于欧洲国家，其特点决定了宜在室内进行。吻手礼的受礼者，只能是已婚女士。手腕及其以上部位，是行礼时的禁区。

3. 东西方通用礼节

（1）点头礼。

点头礼，也就是颔首礼。点头礼的做法是头部向下轻轻一点，同时面带笑容。注意不要点头不止，点头的幅度不宜过大。

点头礼适用的范围很广，如路遇熟人或与熟人、朋友在会场、剧院等不宜交谈之处见面，以及遇上多人而又无法一一问候时，都可以点头致意。行点头礼时，最好摘下帽子，以示对对方的尊重。

（2）举手礼。

行举手礼的场合，与行点头礼的场合大致相似，它最适合向距离较远的熟人打招呼。行举手礼的正确做法是：右臂向前方伸直，右手掌心向着对方，其他四指并齐、拇指叉开，轻轻向左右摆动一两下。不要将手上下摆动，也不要在手部摆动时用手背朝向对方。

（3）脱帽礼。

戴着帽子的人，在进入他人居所，路遇熟人，与人交谈、握手，进入娱乐场所或在升国旗、奏国歌的场合时，应自觉摘下帽子，并置于适当处。女士在一般社交场合可以不脱帽子，这也不会被认为是失礼行为。

见面的礼节要视具体的情况而定，不能生搬硬套。其实，作为重要的见面礼，握手的地位也不容忽视。正因如此，本书特将握手礼节作为专门的一节，单独介绍。

关键点提示

行好见面礼关键在于以下几点：

1.掌握东方礼节中的作揖、鞠躬、合十礼；2.熟悉西方礼节中的拥抱、亲吻、吻手礼；3.规范使用东西方通用的礼节。

5.4 如何进行自我介绍

工作场景描述

当想了解如何得体地向他人进行自我介绍时，可查看。

解读与分析

自我介绍，就是在必要的社交场合，把自己介绍给其他人，以使对方认识自己。恰当的自我介绍，不但能增进他人对自己的了解，还能创造出意料之外的商机。

1. 了解自我介绍的分类

根据介绍人的不同，自我介绍可以分为主动型自我介绍和被动型自我介绍。

（1）在社交活动中，想要结识某个人或某些人却无人引见的情况下，可自己充当自己的介绍人，将自己介绍给对方。这种自我介绍叫作主动型自我介绍。

（2）应其他人的要求，将自己某些方面的具体情况进行一番自我介绍。这种自我介绍则叫作被动型自我介绍。

在实践中使用哪种自我介绍的方式，要依具体环境和条件而定。

2. 把握自我介绍的时机

在商务场合，如遇到下列情况，自我介绍就是很有必要的。

（1）与不相识者共处一室。

（2）不相识者对自己很有兴趣。

（3）他人请求自己做自我介绍。

（4）在聚会上与身边的陌生人共处。

（5）打算进入陌生人组成的交际圈。

（6）求助的对象对自己不甚了解或一无所知。

（7）前往陌生单位，进行业务联系。

（8）在旅途中与他人不期而遇而又有必要与之接触。

（9）初次登门拜访不相识的人。

（10）遇到秘书挡驾，或是请不相识者转告。

（11）初次利用大众传媒，如报纸、杂志、广播、电视、电影、标语及传单等，向社会公众进行自我推介、自我宣传。

（12）利用社交媒介，如信函、电话、电报、传真、电子信函及线上社交平台等，与不相识者进行联络。

3. 熟悉自我介绍的方式

根据不同场合、环境的需要，自我介绍的方式如下。

（1）应酬式自我介绍。这种自我介绍方式最简洁，往往只包括姓名即可，如：“您好！我叫××。”

它适合于一些公共场合和一般性的社交场合，如途中邂逅、宴会现场、舞会、通电话时，主要是在向一般接触的交往对象进行自我介绍时使用。

（2）工作式自我介绍。工作式自我介绍的内容，包括姓名、供职的单位及部门、担任的职务或从事的具体工作等三项。这三项内容是工作式自我介绍内容的三要素，通常缺一不可。

①姓名。应当一口报出，不可有姓无名，或有名无姓。

②单位。供职的单位及部门，如有可能最好全部报出，具体工作部门有时可以暂不报出。

③职务。担任的职务或从事的具体工作，有职务最好报出职务，职务较低或者无职务，则可报出目前所从事的具体工作。

举个例子，可以说：“我叫××，是××公司的公关部经理。”

（3）交流式自我介绍。也叫社交式自我介绍或沟通式自我介绍，是一种刻意寻求与交往对象进一步交流与沟通，希望对方认识自己、了解自己、与自己建立联系的自我介绍。适用于在社交活动中，介绍大体包括姓名、工作、籍贯、学历、兴趣以及与交往对象的某些熟人的关系等，如："我的名字叫××，是××公司副总裁。10年前，我和您先生是大学同学。"

（4）礼仪式自我介绍。这是一种表示对交往对象友好、敬意的自我介绍，适用于讲座、报告、演出、庆典及仪式等正规的场合。介绍内容包括姓名、单位、职务等。自我介绍时，还应加入一些适当的谦辞、敬语，以示自己尊敬交往对象，如："女士们、先生们，大家好！我叫××，是××公司的总经理。我谨代表本公司全体员工热烈欢迎各位来宾莅临指导，谢谢大家的支持。"

（5）问答式自我介绍。这种方式是针对对方提出的问题，做出自己的回答，适用于应试、应聘和公务交往。在普通性交际应酬场合，它也时有所见。举例来说，对方发问："这位先生贵姓？"即可回答："免贵姓张，弓长张。"

4. 掌握自我介绍的分寸

想要自我介绍恰到好处、不失分寸，就必须高度重视下述几个方面的问题。

（1）控制时间。

①进行自我介绍一定要简洁，尽可能地节省时间，通常以半分钟左右为佳，如无特殊情况最好不要长于1分钟。为了提高效率，在自我介绍的同时，可利用名片、介绍信等资料加以辅助。

②自我介绍应在适当的时间进行。最好选择在对方有兴趣、有空闲、情绪好、干扰少、有要求之时进行自我介绍。如果对方兴趣不高、工作很忙、干扰较大、心情不好、没有要求、正忙于其他交际，或正在休息、用餐时，则不适合进行自我介绍。

（2）表现得体。

①态度要保持自然、友善、亲切、随和，整体上要落落大方，笑容可掬。

②充满信心和勇气。忌讳妄自菲薄、心怀怯意。要敢于正视对方的双眼，显得胸有成竹，从容不迫。

③语气自然，语速正常，语音清晰。生硬冷漠的语气，过快过慢的语速，或者含糊

不清的语音，都会严重影响自我介绍者的形象。

（3）追求真实。

进行自我介绍时所表述的各项内容一定要实事求是，真实可信。过分谦虚，一味贬低自己去讨好别人，或者自吹自擂、夸大其词，都是不可取的。

总的说来，当本人希望结识他人，或他人希望结识本人，或本人认为有必要令他人了解或认识本人的时候，自我介绍就会成为重要的交往方式。自我介绍常常是商务活动的组成部分，承担着拓展交际范围的重任，所以，有关自我介绍的商务礼仪必须烂熟于胸。

关键点提示

进行成功的自我介绍需要做到以下几点：

1.了解自我介绍的分类；2.把握自我介绍的时机；3.熟悉自我介绍的方式；4.掌握自我介绍的分寸。

5.5 如何为他人做介绍

工作场景描述

当想了解如何介绍别人互相认识时，可查看。

解读与分析

在商务活动中，经常需要在他人之间充当人际关系的桥梁。他人介绍，又称第三者介绍，是经第三者为彼此不相识的双方引见、介绍的一种交际方式。他人介绍通常是双向的，即被介绍双方各自做一番介绍。有时，也可进行单向的他人介绍，即只将被介绍者中的某一方介绍给另一方。为他人做介绍，需要把握一些基本的商务礼仪。

1. 了解介绍的顺序

在为他人做介绍时谁先谁后，是一个比较敏感的礼仪问题。

根据商务礼仪规范，在处理为他人做介绍的问题上，必须遵守“尊者优先了解情况”规则。根据规则，为他人做介绍时的商务礼仪顺序大致有以下几种。

（1）介绍上级与下级认识时，应先介绍下级，后介绍上级。

（2）介绍长辈与晚辈认识时，应先介绍晚辈，后介绍长辈。

（3）介绍年长者与年幼者认识时，应先介绍年幼者，后介绍年长者。

（4）介绍女士与男士认识时，应先介绍男士，后介绍女士。

（5）介绍已婚者与未婚者认识时，应先介绍未婚者，后介绍已婚者。

（6）介绍同事、朋友与家人认识时，应先介绍家人，后介绍同事、朋友。

（7）介绍来宾与主人认识时，应先介绍主人，后介绍来宾。

（8）介绍与会先到者与后来者认识时，应先介绍后来者，后介绍先到者。

2. 掌握介绍的方式

由于实际需要的不同，为他人做介绍时的方式也不尽相同。

（1）一般式。一般式也称标准式，以介绍双方的姓名、单位、职务等为主，适用于正式场合，如：“请允许我来为两位引见一下。这位是 × × 公司营销部主任 × × 小姐，这位是 × × 集团副总 × × 小姐。”

（2）简单式。只介绍双方姓名一项，甚至只提到双方姓氏，适用一般的社交场合，如：“我来为大家介绍一下。这位是 × 总，这位是 × 董。希望大家合作愉快。”

（3）附加式。附加式也称强调式，用于强调其中一位被介绍者与介绍者之间的特殊关系，以期引起另一位被介绍者的重视，如：“大家好！这位是 × × 公司的业务主管 × × 先生。这是小儿 × ×，请各位多多关照。”

（4）引见式。介绍者所要做的，是将被介绍双方引见到一起，适用于普通场合，如：“两位认识一下吧。大家其实都曾经在一个公司共事，只是不是一个部门。”

（5）推荐式。介绍者经过精心准备再将某人举荐给某人，介绍时通常会对前者的优点重点介绍。通常适用于比较正规的场合，如：“这位是 × × 先生，这位是 × × 公司的 × × 董事长。× 先生是经济学博士，管理学专家。× 总，我想您一定有兴趣和他聊聊吧。”

（6）礼仪式。这是最为正规的介绍方式，适用于正式场合。其语气、表达、称呼都更为规范和谦恭，如：“×小姐，您好！请允许我把××公司的执行总裁××先生介绍给你。×先生，这位就是××集团的人力资源经理××小姐。”

3. 注意介绍时的细节问题

在介绍他人时，介绍者与被介绍者都要注意一些细节。

（1）介绍者为被介绍者做介绍之前，要先征求双方被介绍者的意见。

（2）被介绍者在介绍者询问自己是否有意认识某人时，一般应欣然表示接受，如果实在不愿意，应向介绍者说明缘由，取得谅解。

（3）当介绍者走上前来为被介绍者进行介绍时，被介绍者双方均应起身站立，面带微笑，大大方方地目视介绍者或对方，态度要庄重。

（4）介绍者介绍完毕，被介绍双方应依照礼仪进行握手，并且彼此使用“您好”“很高兴认识您”“久仰大名”“幸会”等语句问候对方。

介绍他人认识，是人际沟通的重要组成部分。良好的合作，可能就是从这一刻开始的。

关键点提示

介绍他人互相认识时要注意以下三点：

1.了解介绍的顺序；2.掌握介绍的方式；3.注意介绍时的细节问题。

5.6 如何握手

工作场景描述

当对握手的礼仪不是完全清楚时，可查看。

解读与分析

握手，是见面时最常见的礼节。因为不懂握手的规则而遭遇尴尬，是谁也不愿意遇到的。行握手礼是一个并不复杂却十分微妙的事情，作为一个细节性的礼仪动作，做得好，它好像没有什么显著的积极效果；做得不好，它却能突兀地显示出负面效果。

握手握得正确与否，主要看动作是否符合下列要点。

1. 掌握握手的时机

（1）遇到久未谋面的熟人时。

（2）在比较正式的场合与相识之人道别时。

（3）作为东道主迎送客人时。

（4）向客户辞行时。

（5）被介绍给不相识者时。

（6）在外面偶遇同事、朋友、客户或上司时。

（7）感谢他人的支持、鼓励或帮助时。

（8）恭喜他人或他人向自己表示祝贺时。

（9）应邀参与社交活动见到东道主时。

（10）对他人表示理解、支持、肯定时。

（11）在对他人遭遇的挫折或不幸表示慰问时。

（12）向他人或他人向自己赠送礼品或颁发奖品时。

2. 了解握手的次序

在正式场合，握手时伸手的先后次序主要取决于职位、身份。在社交、休闲场合，则主要取决于年纪、性别、婚否。

（1）职位、身份高者与职位、身份低者握手，应由前者首先伸出手来。

（2）女士与男士握手，应由女士首先伸出手来。

（3）已婚者与未婚者握手，应由已婚者首先伸出手来。

（4）年长者与年幼者握手，应由年长者首先伸出手来。

（5）长辈与晚辈握手，应由长辈首先伸出手来。

（6）社交场合的先至者与后来者握手，应由先至者首先伸出手来。

（7）主人应先伸出手来，与到访的客人相握。

（8）客人告辞时，应先伸出手来与主人相握。

3. 掌握握手的动作要领

（1）与人握手时应面含笑意，注视对方双眼；神态要专注、热情、友好而又自然；口中的问候，也是必不可少的。

（2）不要迟迟不握他人早已伸出的手，或是一边握手一边东张西望，或忙于跟其他人打招呼。

（3）向他人行握手礼时应起身，以示对对方的尊重。

（4）握手时双方彼此之间的最佳距离为1米左右。距离过大，会显得像是一方冷落另一方；距离过小，手臂难以伸直，也不太雅观。

（5）双方将要相握的手各向侧下方伸出，伸直相握后形成一个直角。

（6）与人握手不可以不用力，否则会使对方感觉缺乏热忱与朝气；同样不可以用力过大，否则会有示威、挑衅的意味。

（7）握手的时间不宜过短，也不宜过长，握手的全部时间应在3秒钟内。时间过短，会显得敷衍；时间过长，尤其是和异性握手的时候时间过长，则有些无理。

4. 了解握手的分类

（1）单手相握。用右手与人单手相握，是最常用的握手方式。

①“平等式握手”：手掌垂直于地面并合握。双方地位平等或为了表示自己不卑不亢时多采用这种方式。

②“友善式握手”：掌心向上与对方握手。这种握手方式能够显示自己谦恭、谨慎的态度。

③“控制式握手”：掌心向下与对方握手。这种握手方式会让自己显得自高自大，应尽量避免。

（2）双手相握。双手相握又称“手套式握手”，即用右手握住对方右手后，再以左手握住对方右手的手背。这种方式适用于亲朋好友之间，以表达自己的深厚情谊。与初识者或异性这样握手，会被误解为讨好或失态。

5. 了解握手的禁忌

（1）握手时，另外一只手不要拿着报纸、公文包等东西不放，也不要插在衣袋里。

（2）不要在握手时争先恐后，应当依照顺序依次而行。

（3）女士可以在社交场合戴薄纱手套与人握手，而男士无论何时都不能在握手时戴手套。

（4）除患有眼疾或眼部有缺陷者外，不允许握手时戴着墨镜。

（5）不要拒绝与他人握手，也不要用左手与他人握手。

（6）与基督教徒交往时，两人握手不能与另外两人相握的手形成交叉状。这种形状类似十字架，在他们看来是很不吉利的。

（7）握手时不要把对方的手拉过来、推过去，或者上下左右抖个不停。

（8）握手时不要长篇大论，点头哈腰，滥用热情，显得过分客套。

（9）握手时不要仅仅握住对方的手指尖，也不要只递给对方一截冷冰冰的手指尖。

（10）不要用很脏的手与他人相握，也不能在与人握手之后，立即擦拭手掌。

简单的握手动作，能展示出基本的礼仪修养。一定要重视握手的相关礼仪。

关键点提示

想掌握好握手的商务礼仪，需要做到以下几点：

1.掌握握手的时机；2.了解握手的次序；3.掌握握手的动作要领；4.了解合适的握手类型；5.了解握手的禁忌。

5.7　如何掌握名片礼仪

工作场景描述

当需要了解名片的礼仪时，可查看。

解读与分析

名片是商务活动中重要的交际工具，直接承载着个人信息，担负着建立联系的重任。要使名片发挥的作用更充分，就必须掌握相关的礼仪。

1. 递送名片

（1）递送名片的时机。

①希望认识对方时。

②被介绍给对方时。

③有人向自己索要名片时。

④对方提议交换名片时。

⑤打算获得对方的名片时。

⑥初次登门拜访对方时。

（2）递送名片的方法。

①递名片时应起身站立，走上前去，使用双手或者右手，将名片正面对着对方，递给对方。

②若对方是外宾，最好将名片上印有英文的那一面对着对方。

③将名片递给对方时，应说“多多关照”“常联系”等话语，同时要做一下自我介绍。

④与多人交换名片时，应讲究先后次序。或由近而远，或由尊而卑进行，位卑者应当首先把名片递给位尊者。

2. 接受名片

（1）他人递名片给自己时，应起身站立，面带微笑，目视对方。

（2）接受名片时，双手捧接，或以右手接过，不要只用左手接过。

（3）接过名片后，要从头至尾把名片认真默读一遍，意在表示重视对方。

（4）最后，接受他人名片时，应使用谦辞敬语，如“请您多关照”。

3. 索要名片

（1）向对方提议交换名片。

（2）主动递上本人名片。

（3）委婉地索要名片。

①向尊者索要名片，可以说："今后如何向您请教？"

②向平辈或晚辈索要名片，可以说："以后怎样与您联系？"

（4）当他人索要本人名片，而自己又不想给对方时，应用委婉的方法表达此意。可以说"对不起，我忘了带名片"或者"抱歉，我的名片用完了"若本人没有名片，又不想明说时，也可以用这种方法表述。

4. 存放名片

（1）名片的置放。

①在参加商务活动前，要准备好名片。名片要经过精心的设计，能够艺术地表现自己的身份、品位和企业形象。

②随身所带的名片，最好放在专用的名片包、名片夹里。公文包以及办公桌抽屉里也应经常备有名片，以便随时使用。

③接过他人的名片看过之后，应将其妥善放入自己的名片包、名片夹或上衣口袋内。

（2）名片的管理。

应及时把所收到的名片加以分类、收藏，以便今后使用。不要将它随意夹在书刊、文件中，更不能把它随便地扔在抽屉里。

存放他人名片要讲究方式方法，做到有条不紊。推荐的方法如下。

①按姓名拼音首字母分类。

②按姓名笔画分类。

③按部门、专业分类。

④按国别、地区分类。

⑤输入平板电脑等电子设备，使用其内置的分类方法。

名片是一个展现自己的小舞台，一定要充分认识和发挥它的功用。另外，在它的设计上最好也多花一点心思，以便加深别人对名片的印象。

关键点提示

有关名片的商务礼仪需要掌握以下几个方面：

1.讲究发送名片的时机；2.有礼貌地接受名片；3.有目的、有分寸地索要名片；4.合理地存放名片。

5.8 如何做好商务接待工作

工作场景描述

当商务接待礼仪掌握得不够全面时，可查看。

解读与分析

商务接待工作是一项经常性的工作。在经济蓬勃发展的今天，商务往来日趋频繁，商务接待工作也随着企业形象意识的增强而更讲究规范。如果商务接待工作在礼仪方面做到严谨、热情、周到、细致，会大大加深客商对企业的了解，从而增强与企业合作的信心，促进双方业务的发展。

1. 挑选接待人员

接待人员是展现公司形象的第一人，其接待来访客商时的形象和态度非常重要，能使客商形成对企业的整体印象。因此，企业在选用接待人员时，应进行严格的筛选。

（1）仪容整洁。接待人员的仪表仪容要端庄整洁，服装要干净、平整、大方。女士应适当化妆，以示尊重对方。发型不宜过于新潮，珠宝首饰不可佩戴过多。

（2）举止优雅。作为一名接待人员，其举手投足、目光表情，都能反映出其文化素养，也能代表所在企业的管理水平。客户对企业的良好印象，很大一部分归功于接待人员在接待时表现出来的高水准。

（3）恪守职责。接待人员要敬业爱岗，力求干好自己的工作。兢兢业业、一丝不苟、精益求精、讲究效率，减少或杜绝差错是接待人员做事的指导原则。热情地接待好每一位来访者，是接待人员的职责所在。

2. 注重接待过程

（1）准备工作。

①了解客人的基本情况。接待人员在接到来客通知后，要清楚了解客人的单位、姓名、性别、职业、级别、人数、来访目的和要求，问清客人到达的日期、所乘车次或航班的抵达时间。

②制订接待方案。接待方案一般包括接待工作的组织分工、陪同人员和迎送人员的名单、食宿地点、交通工具、活动方式及日程安排等。

（2）接待工作。

①迎接客人。一般客人可由业务部门人员或办公室人员去迎接，重要客人应安排有关领导前往迎接。去迎接的人员在客人到达前就应到场等候。

②安排食宿。客人到达后，接待人员应把客人引到事先安排好的客房。客人住下后，接待人员应把就餐的时间、地点告诉客人。对重要客人应安排专人陪同。

③协商日程。接待人员应进一步了解客人的意图和要求，共同商议活动的内容和具体日程。如有变化，接待人员应及时通知有关部门，以便进行准备工作。

④组织活动。接待人员应按照日程安排，精心组织各项活动。如客人要洽谈供货合同，接待人员可提前做好各项准备工作；如客人要去参观游览，接待人员应安排好交通工具和陪同人员；在客人活动全部结束后，接待人员应安排领导与客人会见，听取意见，交换看法。

⑤安排返程。接待人员应根据客人要求订购返程车票、船票或机票，并及时送到客人手中。一般情况下接待人员应送客人到车站，并与客人道别。

3. 具体活动的接待方式

（1）会议接待。

①会议筹备工作。接待人员应确定接待规格，发放会议通知，选择并布置会场。会议资料也要事先准备好，文件资料应用文件袋装好。

②会议前的接待工作。接待人员应检查准备情况，查漏补缺，迎接来宾，组织签到

和做好引座工作。

③会议中的服务礼仪。接待人员应及时端茶倒水。

④会议善后工作。与会人员离别时，接待人员应根据情况安排车辆把客人送到车站、码头或机场，待客人登上车、船、飞机，与客人告别后方可离去。

（2）参观游览接待。

客户提出或在条件允许的情况下，接待人员可为其安排参观游览的活动。

①选定参观游览项目。接待人员要根据宾客来访的目的、性质、兴趣以及本企业的实际条件确定参观游览的项目。

②落实日程。参观游览日程安排应与客商协商，比如参观的先后顺序、途中休息和用餐、逗留和集合时间、所乘交通工具，等等。企业应安排身份合适的人员陪同客商参观游览，并选派懂技术的专业人员解说。在做好接待准备的同时，企业应注意对商业秘密和产品信息做好保密工作。

③注意事项。在陪同客商参观游览过程中，要有张有弛，注意宾主双方人员的疲劳程度和安全。

（3）家庭接待。

①恭迎。与要来访的客人事先约好后，主人必须在家等候。如果因特殊情况确实需要改变时间，一定要事先通知对方并请求谅解。当客人敲门或按门铃时，主人要尽快去开门。见到客人要热情招呼、寒暄问候，同时要表示对客人的欢迎，并请客人入内，帮助接挂外衣、帽子，并将客人随身携带的物品放在合适的地方。

②介绍。如果与来访者是第一次见面，见面时双方都应主动做自我介绍。说明身份后，将客人引入室内并向家人介绍，同时将家人介绍给客人。如果与来访者虽不是初次见面，但却是第一次邀请其来家做客，也应将客人与家人相互介绍。

③敬茶上烟。请客人入座后要给客人沏茶、敬茶。沏茶时茶叶量要适中，用开水冲泡；斟倒茶水时，水量以八分满为宜；茶具要干净，不能有残缺或茶垢；敬茶时应面带微笑，双手奉上并说：“请用茶。”如果客人不止一位时，第一杯茶应敬给职务高者或年长者。如果客人有吸烟的嗜好，还要敬烟。客人不吸烟则不可勉强。

④交谈。如果谈话的内容与家人没有关系，家人应回避。与客人交谈态度要友好、

热情，不能对客人爱答不理，不能边谈边干其他事。冷落客人是很失礼的行为，即使是很不受欢迎的客人，也不能对其做一些具有明显“驱赶性”的动作。

⑤送客。客人要告辞时，主人应以礼相送。客人要走，主人不能先于客人起身，不能走在客人前面为客人开门。客人临别时，家中成员都应起身相送或握手告别，并欢迎下次再来。主人在将客人送至门口或楼下，待客人身影完全消失后才可返回，绝不能在客人刚出门时，就将门重重地关上，这将会使客人产生极不舒服的感觉。

商务接待工作视来访者的身份、来访目的、接待地点的不同而有所不同，但各类接待的目的是一致的，即让客户感到受尊重，感到东道主的诚意，为双方进一步展开实质性合作打下基础。

关键点提示

做好商务接待工作需要做到以下几点：

1.挑选合格的接待人员；2.接待工作的过程要完整；3.具体活动的接待要根据不同性质分别对待。

5.9　如何完成商务馈赠活动

工作场景描述

当需要在商务活动中馈赠或接受礼物时，可查看。

解读与分析

馈赠是商务活动中不可缺少的交往内容。馈赠礼品能起到联络感情、加深友谊、促进交往的作用，随着交际活动的日益频繁，越来越受到人们的重视。所以，馈赠活动对礼节的要求，也就一再得到强调。

1. 确定馈赠目的

（1）为了交际。关于礼品的选择，一个非常重要的原则就是要使礼品能反映送礼者的寓意和思想感情，并使寓意和思想感情与送礼者的形象有机地结合起来。

（2）为了巩固和维系人际关系，即“人情礼”。人情礼强调礼尚往来，以“来而不往非礼也”为基本准则。因此，礼品的种类、价值的大小、档次的高低、包装的式样、蕴含的情意等方面都呈现多样性和复杂性。

（3）为了酬谢。这类馈赠是为答谢他人的帮助而进行的，因此，在礼品的选择上，十分强调其物质利益。礼品的贵贱厚薄，取决于他人帮助的程度。

2. 选择礼品

（1）投其所好。选择礼品时一定要考虑周全，有的放矢，投其所好。可以通过仔细观察或打听了解受礼者的兴趣爱好，然后有针对性地精心挑选合适的礼品。尽量让受礼者感觉到馈赠者在礼品选择上是花了一番心思的，是真诚的。

（2）考虑具体情况。选择礼物要考虑具体的情况或场合，如厂庆可送花篮、节日可送贺卡等。

3. 把握馈赠时机

馈赠要注意时间，把握好机会。

（1）传统的节日。春节、中秋节等，都是馈赠礼品的黄金时间。

（2）喜庆之日。晋升、获奖、厂庆等日子，应考虑备送礼品以示庆贺。

（3）企业开业庆典。在参加某一企业开业庆典活动时，要赠送花篮、室内装饰品或其他礼品，以示祝贺。

（4）酬谢他人。当自己接受了别人的帮助，事后可送些礼品以示感恩。

送礼时机要视实际情况，灵活掌握。

4. 掌握馈赠礼节

要使对方愉快地接受馈赠并不是件容易的事情，即便是精心挑选的礼品，如果不讲究赠礼的艺术和礼仪，也很难达到馈赠的预期效果。

（1）注意包装。精美的包装不仅能使礼品的外观更具艺术性和高雅的情调，显示出馈赠者的文化和艺术品位，而且还可以避免给人俗气的感觉。

（2）注意场合。当众只给一群人中的某一个人赠礼是不合适的，给关系密切的人送礼也不宜在公开场合进行。只有某些特定的礼品，如锦旗、牌匾、花篮等才可在众人面前赠送。

（3）注意态度和动作。赠送礼品时，只有态度平和友善、动作落落大方并伴有礼节性的语言，才容易让受礼者接收礼品。

（4）注意时机。一般赠礼应选择在相见、道别或相应的仪式上。

（5）处理好有关单据。礼品上写有价钱的标签一定要清除干净。但如果礼品是有保修期的“大物件”，如家用电器、电脑等，可以在赠送礼品的时候把发票和保修单一起奉上，以便受礼人能够享受三包服务或方便其转手处理。

5. 了解受礼礼仪

（1）一般情况下，不应当面拒绝受礼。如果觉得送礼者别有所图，应向他明示自己拒收的理由，态度可坚决但方式要委婉。

（2）接受礼品时，不管礼品是否符合自己的心意，都应表示对该礼品的重视。收到贺礼、谢礼以及精美礼品时，应当面打开欣赏，并赞美一番。

（3）接受了他人的馈赠，如有可能应予以回礼。

有礼有节的馈赠活动，有利于拉近双方的距离，增加合作的机会。作为商务活动的重要内容之一，馈赠越来越受重视，并被广泛采用。而馈赠的商务礼仪，也就成为相关人员必备的专业知识之一。

关键点提示

符合商务礼仪的馈赠活动包括以下几点：

1.明确馈赠的目的；2.根据情况选择礼品；3.抓住馈赠礼品的时机；4.讲究馈赠的礼节；5.礼貌地接受馈赠。

5.10 如何把握商务洽谈的礼仪

工作场景描述

当肩负着商务洽谈的使命而又需要强化礼仪形象时，可查看。

解读与分析

商务洽谈，是交易双方在维护各自经济利益的前提下，进行双向沟通，经过协商达成交易的行为。它既是一门科学，又是一门艺术。商务洽谈礼仪不是附着在商务洽谈之上的一种形式，而是商务洽谈本身的重要组成部分。

洽谈人员在学习运用商务洽谈技术和技巧的同时，应注重洽谈礼仪，以促进洽谈成功。

1. 了解洽谈的基本原则

（1）互惠互利原则，即“双赢（win-win）”原则。

（2）平等协商原则，即以平等的态度、协商的方式去妥善处理双方关系。

（3）求同存异原则，即共同寻求双方的共识，允许出现一些分歧。

（4）依法办事原则，即得到法律的承认和保护。

2. 做好洽谈的准备工作

洽谈人员能够从容不迫、有理有据，全靠洽谈前周密、繁重的准备工作。洽谈之前，准备工作做得是否充分，对洽谈结果有着直接的影响。

商务洽谈前，大体要做好以下几项准备工作。

（1）确定目标。

商务洽谈的目标，是洽谈工作的核心和导向。

①先由企业决策层提出主导意向，再经各有关部门和业务专门人员进行可行性研究，多次反复推敲，最后由企业决策层审核通过，形成洽谈目标。

②洽谈人员在谈判过程中自主掌握，留有余地。

（2）选择人员。

①根据对方的洽谈阵容，选出企业在洽谈时的主谈人。双方的主谈人应当在职务、身份上大体相当。

②考虑洽谈人员的知识结构、谈判经验、个人性格、应变能力等因素，组成合适的洽谈班子。

③确定洽谈人员的数量。人数在5人以下为宜。

（3）收集资料。

①对方企业的基本情况。如该企业的发展历史、主导产品及市场信誉、产品性能和市场占有率、市场竞争情况、企业规模和管理能力、经营水平和财务实力等。

②对方洽谈人员的基本情况。应对对方洽谈班子的人员构成有一定的了解和分析，尤其是主谈人的资历、地位、风格、习惯，以及他个人对本企业的态度、业务往来史等。

③对方企业相关的背景材料。如他们所在地的历史传统、民俗习惯及文化背景等。

（4）细节安排。

①洽谈双方既已正式确定了洽谈的时间和地点，就不应随便变动。

②如对方有变动要求，应予考虑。

③注意诸如会场布置、交通、通信工具的落实。

④尽量让对方对食宿和会外活动等方面满意。

3. 掌握洽谈中的礼仪

（1）着装礼仪。

①代表企业与客户进行商务洽谈时，要注重出席洽谈场合的着装。黑色西装最好，深蓝色和铁灰色次之。

②西装应配白衬衫。场合越正规，衬衫的条纹应该越细。

③领带最好选用有规律排列的图形，它能给人以实在、稳重的感觉。深色领带代表着成熟，浅色领带意味着有活力，可根据需要去选择。

④袖口、袖扣不可忽视。在洽谈中，袖口和袖扣常常展露于对方的视线里。如袖扣不全、袖口污浊，会引起对方的反感。

⑤着装原则是追求整体和谐、庄重大方，不应花哨。

⑥皮包、笔记本、手表等细节也不要忽视。

（2）迎见礼仪。

①东道主应在洽谈前到达约好的洽谈地点，迎接客户方的洽谈代表。

②迎见地点可以选择在大楼门口，也可以在洽谈厅（室）门口。

③进入洽谈厅（室），东道主应与对方代表一一握手，请客人首先入座，或双方人员同时落座，东道主一定不能自己抢先坐下。如果是等待客人已久，事先坐下了，当客户到来时，应马上起身致意邀坐。

④在宾主双方人员到齐并均已入座后，非洽谈人员应退出洽谈厅（室），不准随意出入，以免影响洽谈的进行。

（3）举止礼仪。

洽谈是严肃的商务活动，行为举止要倍加注意。洽谈人员不能做出抓耳挠腮等不雅观的动作，也不能信口开河。当然，洽谈人员也不能总是正襟危坐。随着洽谈工作的进行，洽谈人员可以或坐或站，做些必要的手势以助思想的表达、观点的阐发。同时，洽谈人员也应通过观察对方的举止动作，来了解其言语外的诸多信息。

（4）谈吐礼仪。

商务洽谈当然离不开“谈”，在洽谈中注意谈吐的礼仪，会使洽谈内容更富人情味，更易为对方理解和接受。

①谈话距离。在洽谈中，谈话应保持相对固定的距离。站着应距离半米左右，坐着应以桌宽为准。双方在陈述观点和态度时，位置基本不变。如果双方有了争执，则易逼近对方以发表己见；双方意见无法趋同时，又容易有意拉大距离，以表达不满情绪。这两种情形都是富有经验的洽谈者应避免的。

②谈话语气。在洽谈中，准确把握语气，既是促成谈判成功的必要条件，也是洽谈中应遵循的礼仪。用审问式的威胁性语气和对方讲话，往往容易激起对方的逆反心理，不利于洽谈目的的达成。最好的方法是多采用询问性语气，凡事都看起来是在商量，而不是在下命令。

③谈话语速。洽谈中说话的速度要平稳，以中速为宜。过快，对方听不清、记不

住、弄不懂，给人以急躁的感觉；过慢，则让人觉得吞吞吐吐，欲言又止，没有一点干练果断的利索劲儿，进而产生对工作能力的怀疑。控制语速的原则就是快而不失节奏、慢而不失流畅，并适时观察对方的反应加以调整。

④谈话声调。一般来讲，升调表示惊讶与不满，降调表示遗憾与懊丧，平调显示信心和力量。声调波动可反映谈判者的思想和感情，在阐述立场时，要尽量控制声调，避免过于尖厉、高亢、粗鲁、刺耳的音色，表现出自己坚定的信心。

⑤谈话态度。洽谈中的寒暄用语、开场用语、交谈用语、结束用语等，都应注意礼貌文明，既充满自信，又不显得自傲；既热情友好，又不卑不亢；既据实争辩，又适度退让，以达到双赢的最佳结果。

在商务洽谈过程中，除要坚持洽谈原则和掌握洽谈技巧外，最应注意的就是洽谈礼仪的运用。良好的礼仪风貌，不但有利于实现公司的预期目标，而且可给对方留下难忘的良好印象，以便以后长久的合作。

关键点提示

商务洽谈礼仪包括以下几点：

1.掌握商务洽谈的基本原则；2.做好商务洽谈的准备工作；3.在商务洽谈中遵守相应的礼仪。

5.11　如何打电话才算礼貌

工作场景描述

当借助电话进行商务沟通时，可查看。

解读与分析

电话沟通是现代生活中极其普遍的交往方式，就因为它较为普遍，才有许多礼仪需要掌握。具体而言，打电话的商务礼仪主要如下。

1. 了解时间限制

考虑通话的时间问题，主要考虑什么时间通话、通话多长时间。

（1）通话时机。通话的最佳时间有两个：一是双方预先约定的时间；二是对方方便的时间。

①不要在他人的休息时间打电话。每日上午7点之前、晚上10点之后、午休时间和用餐时间，都不宜打电话。

②给海外人士打电话，要先了解时差。

③打公务电话，不要占用他人的私人时间，尤其是节、假日时间。

④避开对方的通话高峰时间、业务繁忙时间、易疲惫的时间。

（2）通话长度。对通话的具体长度控制的基本要求是：以短为佳，宁短勿长。

2. 斟酌通话内容

打电话要做到内容简练。

（1）事先准备。通话前，应做好充分准备。最好把对方的姓名、电话号码、通话要点等通话内容列出一张清单，这样可以避免现说现想、缺少条理、丢三落四的情况发生。

（2）简明扼要。通话中讲话一定要务实。最忌讳说话吞吞吐吐、含糊不清、东拉西扯；寒暄后，应直奔主题，力戒讲空话、说废话、无话找话和短话长说。

（3）适可而止。要讲的话讲完后，就应果断地终止通话。不要话已讲完，依旧再三絮叨。那样的话，会让人觉得做事拖拖拉拉，缺少素养。按照电话礼仪，应由拨打电话的一方终止通话。

3. 控制通话过程

通话过程自始至终都应做到待人以礼，文明大度。尤其是要尊重自己的通话对象。

（1）语言文明。

①在通话之初，要向对方恭恭敬敬地问一声：“您好!”然后再言其他。不要上来就用“喂”来称呼对方，也不要开口就说正事，以免对方一头雾水。

②问候对方后，应自报家门。否则，说了半天，对方连通电话的对象是谁都不知

道，交流就无法达到预期效果了。通常在电话里自报家门时，可以报本人的全名，也可以报本人所在的单位，或再加上本人的职务。

③终止通话时，必须先说一声“再见”得到回应后再挂断。

（2）态度文明。

①电话需要通过总机接转时，要对总机话务员问一声“您好”，道一声“谢谢”，让他们感到受尊重。另外，应多使用“请”“麻烦您”“劳驾”之类的谦辞。

②要找的人如果不在，需要接听电话的人代找或代为转告、留言时，态度更要礼貌。

③通话时，电话忽然中断，应立即再拨，并说明通话中断系线路故障所致，不要不了了之或等对方打来电话。

④若拨错了电话号码，应对接听者表示歉意。一言不发就挂断了事的行为，是很失礼的。

（3）举止文明。

①打电话时，不要趴着、仰着、坐在桌角上，更不要把双腿架在桌子上。

②通话时的嗓门不要过高，免得令对方觉得“震耳欲聋”。

③使用座机时，话筒与嘴的距离保持在3厘米左右。挂电话时应轻放话筒，不要用力一摔，令对方不快。

④不要骂骂咧咧，更不要采用粗暴的举动拿电话机撒气。

打电话的礼仪是商务礼仪的基本功之一，一定要引起足够的重视。

关键点提示

关于打电话的商务礼仪主要有：

1.打电话要有时间限制；2.控制谈话内容；3.注意通话文明。

5.12 如何掌握接听电话礼仪

工作场景描述

当想在接听工作电话时保持礼仪，可查看。

解读与分析

接电话分为本人接听、代接电话以及电话留言等，本节将一一加以阐述。

1. 本人接听

（1）及时接听。

①最好在电话铃响两次后接听。不要铃声才响过一次就接听，这样会使对方感到突然；也不要铃响许久才接听电话，这样显得妄自尊大。如不得不在铃响许久后接听电话，要在接听后立即向对方表示歉意。

②尽量不要让他人代接电话，尤其不要让小孩代接。

（2）礼貌应答。

①接通电话后，应自报家门，并向对方问好。

②通话时要聚精会神，语气应谦恭友好。不要拿腔拿调，戏弄嘲讽对方。

③通话终止时，要向对方道一声“再见”。

④接到误拨进来的电话，要耐心地告诉对方拨错了电话，不能冷冷地说“打错了”，就把电话挂掉。

⑤要注意语气态度，不能发怒、恶语相加、出口伤人。

（3）分清主次。

①接听电话时不要与其他人交谈，也不能边听电话边看文件、电视，甚至吃东西。

②如果在会晤重要客人或举行会议期间有人打来电话，可向其说明原因，表示歉意，并承诺稍后再联系。

③接听电话时，千万不要不理睬另一个打进来的电话。可对正在通话的一方说明原

因，请其稍候片刻，然后立即去接另一个电话。待接通之后，先请对方稍候，或过一会儿再打进来，随后再继续方才正打的电话。

2. 代接电话

代接电话时，要注意以礼相待，尊重隐私，记忆准确，传达及时。

（1）以礼相待。

接电话时，不要因为对方所找的人不是自己就显得不耐烦，以“不在”来打发对方。即使被找人真的不在，也应友好地答复：“对不起，他不在，需要我转告什么吗？”

（2）尊重隐私。

①代接电话时，不要询问对方与其所找之人的关系。

②别人通话时，不要旁听。

③不要插嘴。

④当对方希望转达某事给某人时，千万不要把这事随意扩散。

（3）记忆准确。

①对方要找的人不在时，应向其说明后，问对方是否需要代为转达。如对方有此请求，应答应照办。

②对方要求转达的具体内容，最好认真做好记录。对方讲完后，应重复验证一遍，以免误事。

③记录电话内容主要包括来电人的单位、姓名、通话时间、通话要点、是否要求回电话及回电话时间等。

（4）及时传达。

①代接电话时，先要弄清楚对方“是谁”“找谁”这两个问题。对方不愿讲第一个问题，不必勉强。对方要找的人不在，可据实相告，再询问对方“有什么事情”。注意，这二者的先后次序不能颠倒。

②若对方所找的人在，应立即去找。

③答应对方代为传话，就要尽快落实。

④不要把自己代人转达的内容，托他人转告。

3. 留言电话

为了确保联络的畅通，往往会使用电话留言功能作为辅助工具。使用电话留言功能时要注意以下两个方面。

（1）留言制作要求。

使用电话留言功能时，需要录制一段本人的留言。

①留言的常规内容包括：机主的单位、姓名，问候语、致歉语，请对方留言的原因，对打来电话者的请求。

②私人住宅所用的电话录音，不要使用年轻姑娘的声音，也不要自报姓名，只用电话号码进行代替就可以了。

（2）来电处理。

人际交往中，使用电话留言功能与人们面对面的交际一样，要求言而有信。在处理电话留言时，应注意以下问题。

①发现留言后，应当立即处理并答复。

②若耽误了回复，要及时道歉。

接听电话能够体现出本人的礼仪修养，应力争通过电话交流在对方心目中树立良好的商务形象。

关键点提示

接听电话时要注意以下几点：

1.本人接听电话要讲究礼仪；2.代人接听电话要保证及时准确地传达；3.录音电话要慎用并及时回复。

5.13　如何做好商务往来信函工作

工作场景描述

当书写、收发商业信件时，可查看。

解读与分析

书信在现代生活中仍是很重要的通信方式。通信双方在写信、发信以及收信等一系列具体环节上，均有许多礼仪规范应该掌握。

1. 写信礼仪

写信时，应注意的主要问题是，要尽可能地使信函礼貌、完整、清楚、正确、简洁。

（1）须用谦辞。

写信时一定以必要的谦辞向对方表达恭敬之意。在信的前段，应使用“尊敬的”“敬爱的”一类的敬辞。在信的后段，应使用规范的祝福语。信件行文中，应多用商量、请求的语气。

（2）格式要求。

①写信时，必须使书信的组成部分完整无缺。末尾落款应准确到具体日期，一般要写明几月几日，必要时还须写明何年何月何日何时。

②在书写封面时，双方的邮编不可缺少。另外，在书写收信人及发信人地址时，要力求完整，不宜采用简称，以免延误信函的投递。

（3）写字要求。

①字迹应当清楚，切勿潦草或乱涂乱改。

②要选择耐折、耐磨、吸墨、不易破的信笺、信封。

③要选用能使字迹清楚的笔具与墨水。不要用铅笔、圆珠笔、水彩笔写信，避免使用红色、紫色、纯蓝等彩色的墨水。

④在书信里叙事表意要层次分明、条理清晰，切勿天马行空，让人不知所云。

（4）用字要求。

①写信时坚决不能出现错字、别字、漏字。

②不要用汉语拼音或外文替代不会写的字。

③书写收信人姓名、地址、职务以及尊称时不应出错。

④像“大人”“爱妻”“小弟”之类的私人称呼不宜出现。

⑤写信应当“有事言事，言罢即止”，不要洋洋洒洒，无休无止。

2. 发信礼仪

（1）折叠要求。

①先将信笺三等分纵向折叠，然后再横折，并令两端一高一低，以表示谦恭之意。

②在折叠信笺时，可有意将收信人姓名外露，能令收信人产生亲切感。

③先将信笺纵向对折，而后在折线处再往里卷折1~2厘米宽，最后再横向对折。这种折叠方法多用于公函。

④将信笺先横向对折两次，再纵向折叠到可以装入信封之中的长度。这种折叠方法适用于日常通信。

（2）装入要求。

一定要将信笺推至信封的顶端，并与信封的封口之处留有大约1厘米的距离。这样做的好处是便于收信人拆阅。

①通过邮局寄达的信件，为了保护个人隐私，保障通信秘密，信封必须封口。

②托请他人代交信件时，为了表示对托带者的信任与尊重，信封原则上不宜封闭。

（3）附件要求。

有的时候，发信人在信封内还会装入一些书信的附件。在处理这一问题时，应当注意：

①不要违规装入违禁物品。

②要保持信封的平整、美观。不要因所装附件过多，造成其过度膨胀。

③在信件正文中，要向收信人明确交代。要将附件的数量写得一清二楚，并要求收信人“收到即告”。

（4）邮资要求。

通过邮局或快递公司寄发的信件，应当自觉按规定交付足够的邮资。应在信封上端端正正地贴好邮票。按惯例，邮票应贴在信封正面右上角的指定位置。

3. 收信礼仪

（1）尊重他人通信保密和自由的权利。

任何扣留、私拆、偷阅他人信件的行为，都是触犯法律的。因此，在人际交往中接触书信，尤其是替他人收取书信时，应具有良好的法律意识，尊重他人的权利和自由。

（2）拆信要求。

①拆信时，尽量确保信封的完好和美观。

②拆信的最好方法是利用刀、剪等工具，最好不要直接用手撕。

（3）保存要求。

①收到他人来信后，不要乱扔、乱塞。

②未经发信人本人允许，不能随便将对方的来信公开发表或到处传阅。

③需要长期保存的书信，可整理在一起，或装订成册，然后妥善收藏。

④没有必要保留的书信，可集中销毁，或用碎纸机进行处理。

4. 复信要求

（1）收到他人来信之后，应尽可能快地回复。

（2）对于他人的来信，只收不复是大忌。

（3）在复信中，还应当认真回应对方提出的所有问题。

（4）的确需要延后回答或无法解答的问题，应在复信时说明具体原因

信件在现代社会中好像与高效率、快捷的潮流不太合拍，但是作为正式的文书，它还是很有存在价值的。所以，关于它的商务礼仪，依旧是我们需要掌握的技能。

关键点提示

有关书信的商务礼仪有：

1.写信要规范；2.发信要认真；3.收信要仔细；4.复信要及时。

5.14 如何召开符合礼仪规范的会议

工作场景描述

当负责筹备或组织会议的召开时，可查看。

解读与分析

会议是现代经济社会中一项重要的商务活动。公司重大举措的确定、先进经验的分享及领导层决策的传达等一系列活动，很多时候都要借助会议进行传达。会议的组织方面，有相当严格的商务礼仪需要遵守。如果达不到礼仪要求，会议的效果可能会大打折扣。召开会议的礼仪如下。

1. 成立会务筹备组

（1）选出一个干练、认真的筹备组负责人。会务筹备组的负责人，应是本单位比较有影响的人物，不但有较强的组织才能，而且有一定的凝聚力；不但自身各方面能力较强，而且能以身作则，关键时候可以带领会务组全体人员突击某项工作。

（2）设立秘书小组，主要负责文字宣传。

（3）设立会务小组，负责会前的准备、会议开始的接待、会议中间的服务及会后的送行等工作。

（4）会议筹备组的主要负责人和两个小组的负责人要及时沟通信息，在总的日程安排下，做好详细的准备工作及日程进度计划，以完善会议准备工作。

2. 做好会务准备

会务准备工作由会务小组负责。

（1）拟发会议通知。

①会议通知必须写明开会的时间、地点、主题和参加者等内容。开会时间一般不应选择重大节日和假日。

②有的会议通知还应写明闭会时间。

③要提前一定的时间发会议通知，以便会议参加者有所准备。

④会议通知可采用张贴的方式，也可派人送达或者邮寄。

⑤邮寄会议通知时要在信封上写明“会议通知，收到急转”的字样。

⑥若有外地参会者，有关住宿和差旅费等问题都应一一写明。

（2）选择会场。

①最好将会议与娱乐、联谊相结合。如果能在开会之余顺便度个假，更可谓一举两得。

②选择远离城市的地方。原因是较好管理，与会人员不会中途离开。

③纯工作性会议，选择城市内舒适且拥有优良会议设备的饭店较为合适，交通也方便。

④会议地点可选择会议中心。

⑤决定地点后，若需住宿，筹备会议的人应提早订好房间，注明住宿人数，并且以书面形式确定，以便安排。

（3）安排会场。

会场的布置要和会议的内容相称。

①会场的大小，要根据会议内容和参加者多少而定。

②大型会议的广场或门口应张贴欢迎的告示。

③在不易寻找的会场附近应架设路标。

④根据会议的类型，可把座位排列成圆形、正方形、长方形、对称形及凹字形等。

⑤注意颜色的心理效果和花草、盆景的安排。装饰物应根据会议类型进行摆设，烘托会议气氛。

⑥通常需要准备一些茶、咖啡、点心等食物，以供使用。

⑦如不想让与会者吸烟，则可撤去烟灰缸，暗示不能吸烟。

⑧音响、灯光要和开会气氛相协调。开会前应检查音响、灯光，以防出现问题。

（4）其他准备。

根据会议的需要，决定会议是否需要组织参观、小型便宴等活动，并做相应的准备。

（5）会务预算。

会议的预算一般包括：场地租用费、会场布置费、印刷品费、文书用品费、交通费、电话费、茶点饮料费及礼品费等。

3. 注意会前礼仪

（1）守时。

（2）衣着正式。

（3）发言前先将衣扣扣齐，表示对自己发表的言论负责，同时，也表示对与会者的尊重。

（4）如果是户外会议，应事先决定是否可着休闲服。

（5）会议主席宣布大家就座时，才可坐下。

（6）若在会议开始前，会议主席仍未介绍与会者，可主动和相邻的人握手，并进行自我介绍。

4. 掌握会间礼仪

（1）要发言时，应先举手。

（2）发言时应对事不对人，勿损及他人的人格及信誉。

（3）别人发言时不要打岔。

（4）如有问题可举手，经过会议主持人认可后再发言。

（5）注意举止。应尽量避免在大众面前打哈欠、频频看表、动来动去、玩弄手上的笔或闭上眼睛等行为。

5. 了解就座礼仪

（1）排定座位的会议，最好设专人引导座位。

（2）会议主席应坐在离门口最远的桌子末端。

（3）主席两边应安排客人、高级管理人员或助理就座。

（4）对同级别的高级管理人员，应当安排在长会议桌的中间，东道主坐在其对面，会议桌的两端可以空着。

（5）通常客人坐在面对门口的座位上。

（6）座位的次序不按男女交叉原则安排。

（7）业务会议不应区分性别，不应强调男女坐对面。

6. 挑选主持人

主持人应该担负起以下职责。

（1）宣布开会、散会休息及主持会议。

（2）恰当地行使职权，公平、公正地主持会议。

（3）明确介绍所有来宾及与会的人士。

（4）维持会场秩序，督促与会者遵守会议规则。

主持人应注意以下几点。

（1）如有许多贵宾，无须请贵宾一一致词。

（2）请距离主持人较远者先发言。

（3）不可在发言人发言时随便插嘴，但有权控制发言人的发言时间。

（4）请人发言时，态度要诚恳，用语要有礼貌。

（5）有人发言时，应看着发言人，仔细聆听。

（6）遇到突发事件要冷静，切勿惊慌失措。

关键点提示

召开会议需要做到以下几点：

1.成立会务筹备组；2.会务准备工作要做充分；3.会前做好细节的工作；4.会间注意举止；5.讲究就座礼仪；6.挑选合格的会议主持人。

5.15　如何让新闻发布会成为公司礼仪形象的“代言人”

工作场景描述

当筹备、召开新闻发布会时，可查看。

解读与分析

在现代信息社会，越来越多的公司意识到传媒的巨大作用。为了宣传自身的形象，提高社会知名度或澄清事实，公司经常通过新闻发布会的方式向社会传递信息。

举行新闻发布会需要注意的礼仪如下。

1. 准备新闻发布会

（1）主题的确定。

①说明性主题。如企业推出新产品、企业的经营方针有所改变等。此时，召开新闻发布会的目的主要是对外宣布决定。

②解释性主题。如企业产品质量出现了问题、企业出现了重大事故等。此时召开新闻发布会的目的主要是对所发生的事件进行解释。

③主办单位可根据具体情况，确定新闻发布会的主题。

（2）时间的选择。

①避开节假日。

②避免与重大社会活动相冲突。

③防止与新闻界的宣传报道重点撞车。

④时效性极强的事件，应马上组织召开新闻发布会。

（3）地点的选择。

①考虑本单位所在地、事件的发生地、当地较有名气的酒店及会议厅，等等。

②考虑交通是否方便，采访条件是否优越，音响、录音、摄像设备是否完好，座位是否够用等问题。

（4）邀请记者。

①邀请哪些记者参加应根据发布会的性质而定。

②为扩大影响和知名度，可以多种类、多层次地广邀记者参加。

③应将请柬送到新闻单位或记者本人手中，并及时利用电话联系，落实记者的出席情况。

（5）选定新闻发布会的主持人和发言人。

①新闻发布会的主持人、发言人的选择是否得当，直接关系到发布会的成败。

②新闻发布会的主持人大都由主办单位的公关部负责人、办公室主任或秘书长担任。

③主持人应该是仪表堂堂、反应灵敏、语言流畅，善于把握大局、引导提问，对主持会议具有丰富经验的人。

④发言人通常由本单位的领导人担任。因为领导人对本单位的方针、政策及各方面情况比较了解，由他们回答记者提问更具有权威性。

⑤对发言人的基本要求还包括思想修养好、学识渊博、思维敏捷、能言善辩等。

（6）准备材料。

①发言人的发言稿。发言稿既要紧扣主题，又要全面、准确、真实、生动。

②回答提纲。可事先预测一下记者将要问到的问题并准备好答案，以使发言人在现场回答问题时心中有数，表现自如。

③报道提纲。事先可将报道重点、有关的数据、资料编印出来，作为记者采访报道的参考资料，明确召开新闻发布会的宣传目的。

④其他辅助材料。辅助材料包括图片、实物、模型及视频等。准备辅助材料的目的是增强发言人的讲话效果，加深记者对发布会主题的认识和理解。

2. 程序礼仪要求

（1）签到。

新闻发布会会场的入口处要设立签到处，安排专人负责签到、分发材料、引位等接待工作。相关人员要热情、大方、举止得体。

（2）新闻发布会开始。

主持人宣布新闻发布会开始，并将召开发布会的目的、将要发布的消息或要公布的事情经过、真相做简要介绍。这段话是整个新闻发布会所要传达的主旨，相当重要。

（3）领导人发言。

①发言要突出重点，具体而恰到好处。

②语言要生动、自然，吐字要清晰，切忌啰唆冗长。

（4）答记者问。

①在回答记者提问时，要准确、自如，不要随便打断记者的提问。

②对于不愿透露或不便回答的事情，不应吞吞吐吐，要婉转、幽默地向记者做出解释。

③遇到不友好的提问，应该保持冷静，礼貌地阐明自己的看法。不能激动或发怒，以免引出负面报道。

3. 会议结束

新闻发布会结束后，主办人员要向与会者一一道别，并感谢他们的光临。如有必要，还可以向其赠送一些小礼品。个别记者有特殊问题时，有关人员还应耐心地予以答复。

新闻发布会后，主办单位还应及时收集到会记者做出的报道，检查是否达到了举办新闻发布会的目的，如有不利于本单位的报道，要采取适当方式更正、说明。

关键点提示

要想让新闻发布会成为公司礼仪形象的“代言人”，企业应做到：

1.做好新闻发布会的准备工作；2.有序地举行新闻发布会；3.新闻发布会结束后要收集记者的报道。

5.16 如何做好展览会的礼仪工作

工作场景描述

当需了解筹备、组织或参加展览会的有关礼仪时，可查看。

解读与分析

展览会重在“展览”。在众多观众的眼中，举办或参加展览会企业的礼仪本身，就是一件“展品”。为了展现出企业积极正面的形象，展览会本身的礼仪工作务求无懈可击。

1. 展览会的筹备

（1）明确展览会的主题。

任何一个展览会都应有一个鲜明的主题，这样才能明确展览会的对象、规模、形式，并以此来进行展览会的策划、准备和实施。

（2）确定时间、地点。

①展览会举办的时间、地点，应根据展览会的目的、对象、形式以及效果等多种因素综合考虑。

②地点的选择可根据参展单位的地理区域不同，确定在本地、外地或国外。

③应注意交通、住宿是否方便，辅助设施是否齐全等问题。

④时间的选择要考虑相关行业的淡旺季，要方便参展者和举办者。

（3）确定参展单位。

①当展览会的主题、时间、地点确定后，就要对参展单位发出正式邀请，或向社会发布招商广告。

②邀请函或广告中应明确展览会的宗旨、举办展览会的时间和地点、报名参展的具体时间和地点、咨询有关问题的联络方法及展位费用等信息，以便对方决定参展与否。

③不能以任何方式强迫对方参展。

（4）展览内容的宣传。

①应设计好展览会的会徽、会标及相关的宣传标语。

②就展览会的主题、内容、时间、地点做广泛的宣传，吸引各界人士的注意和兴趣。

③成立一个专门的新闻发布组织，负责与新闻界的联系，提供有价值的新闻资料，以扩大影响范围，增强展览会的效果。

（5）展览会的布展制作。

布展应达到与展品合理搭配、互相衬托、相得益彰的效果，以烘托展览会的主题。

布展工作主要包括以下几个方面。

①展览区域的合理分配，文字、图表、模型与实物的拼接组装。

②灯光、音响、饰件的安装。

③展板、展台、展厅的设计与装潢。

（6）其他组织工作。

①展品的运输、安装与保险。

②相关人员车、船、机票的订购。

③通信联络设备的准备。

④展览会的安全保卫。

⑤公关、服务人员的选拔与培训工作。

2. 参展礼仪

（1）主办方人员礼仪。

①注意形象。穿着要庄重，举止要得体。

②搞好与各参展单位的关系，做好各项服务工作。

③不能对既定的展期、展位、收费标准等随意改动。

④主持人应表现得庄重、诚恳、大气，增强公众对其主持的展览会和产品的信赖感。

（2）参展方人员礼仪。

①应具备与产品有关的专业素质。

②掌握展览知识和技能，礼貌地对待每一位参观者，让公众满意。

③统一着装，佩戴标明本人单位、姓名、职务的胸卡。

④礼仪小姐最好身穿色彩鲜艳的单色旗袍或裙装，身披写有参展单位或展品名称的红色绶带。

⑤用热情、诚恳、公平的原则接待每一位参观者。当参观者进入展位时，要主动与之打招呼以示欢迎。对于参观者提出的问题，要做到不厌其烦、认真回答；当观众离开时，工作人员应主动与其道别。

⑥各尽其责，不得东游西逛、无故脱岗。

⑦绝不允许在参观者到来时坐卧不起，怠慢对方。

⑧对于个别不遵守展览会规则，乱动展品的参观者，要以礼相劝。必要时，可请安保人员协助。

⑨在讲解产品时，要注意语言流畅、声音洪亮。介绍的内容要实事求是，并突出自己展品的特色。必要时，还可做一些现场示范。讲解完毕，应对参观者表示谢意。

3. 参观礼仪

展览会的参观者，要遵守大会的秩序，服从有关工作人员的管理。

（1）不在会场嬉笑打闹。

（2）不乱动、乱拿展品。

（3）与组织者共同维护展览会的秩序和声誉。

展览会是展示产品的地方，更是体现商务礼仪的窗口。作为一个出色的企业，不能忽视这个重要的宣传途径。

关键点提示

展览会的有关礼仪包括以下三点：

1.展览会的筹备工作要认真细致；2.参展各方人员要举止有礼；3.参观展览会要守秩序。

5.17　如何使赞助会礼仪运用得当

工作场景描述

当筹办赞助会考虑到礼仪问题时，可查看。

解读与分析

赞助是现代社会慈善事业的重要财源之一，也是企业或个人回报社会的一种重要形式。积极参与赞助活动，能够树立形象，拓展公共关系。

1. 确定赞助的类型

通过分析赞助的项目所划分的类型，可以对赞助单位的动机、品位进行直观而形象的了解。商界通常所积极赞助的项目，大致上共有以下几类。

（1）公益、慈善事业。

（2）教育、科研事业。

（3）专著出版。

（4）医疗卫生。

（5）文化活动。

（6）体育运动。

（7）娱乐休闲。

2. 赞助会的会议议程

（1）开始。

①主持人请全体与会者各就各位，保持肃静。

②主持人邀请贵宾到主席台上就座。

③宣布赞助会正式开始。

（2）奏唱国歌。

①全体与会者起立后奏唱国歌。

②在奏唱国歌之后，还可奏唱公司司歌。

（3）赞助单位正式实施赞助。

①赞助单位代表首先出场，宣布赞助的具体方式及具体数额。

②受赞助单位代表上场，双方热情握手。

③赞助单位代表正式将标有一定金额的巨型支票或实物清单，双手捧交给受赞助单位代表。

④若赞助的物品重量轻、体积不大时，可由双方当面交接。

⑤全体与会者热情鼓掌。

（4）赞助单位代表发言。

①发言重在阐述赞助的目的与动机。

②可对本单位的情况略做介绍。

（5）受赞助单位代表发言。

①发言者一般应为受赞助单位的主要负责人或主要受赞助者。

②发言的中心内容应集中在对赞助单位的感谢方面。

（6）来宾代表发言。

①可邀请政府有关部门的负责人讲话。

②讲话内容主要是肯定赞助方的义举。

③通过讲话，呼吁全社会积极倡导这种互助友爱的美德。

（7）会后礼仪。

①双方的主要代表以及会议的主要来宾，合影留念。

②宾主双方可短时间晤谈。

③来宾礼貌告辞。

3. 进行赞助活动的评估

（1）将实施效果与先期计划相比照。

①重点研究赞助方是否真正实现了赞助意图。

②赞助活动的预定目标是否已达成。

（2）掌握社会各界对赞助活动的认同程度。可通过各类调查，了解受赞助单位、地方政府、新闻媒介等各类公众对此次活动的真实评价与看法。

（3）及时总结、发现赞助活动的成败得失、经验教训。赞助活动本身是好事，但也应及时了解赞助活动在实施过程中所出现的问题。不管这些问题是否在意料之中、是何原因，企业均应认真看待。这样，才能在下次赞助活动中取得更大的成绩。

赞助活动本身需要由企业付出一定的赞助费。如果仅仅因为商务礼仪方面出现了小问题，导致企业形象受损，那么赞助活动不仅不能达到原来的目的，反而会给企业带来负面影响。

关键点提示

赞助会的有关程序包括：

1.确定赞助类型；2.赞助会的会议议程；3.进行赞助活动的评估。

第6章

国际贸易商务宴请常见问题

商务宴请很多都是专题性的活动。这种宴请不是长期的，也不是定时的，只有在需要时，它们才闪亮登场。一般来讲，一次专题商务宴请，其目的只是实现组织的一个目标或任务。一旦目标达成或任务完成，专题宴请即告结束。如果将中国传统文化融入商务宴请礼仪之中，不仅可以弘扬中国传统文化，更能展现中华民族“讲礼重仪”的良好美德，从而为国际商务交流的顺利开展打下基础。

6.1　如何发出或接受邀请

> **工作场景描述**
>
> 当准备向宾客发出邀请或者受到别人的邀请时，可查看。

解读与分析

邀请既是交往的起点，又是交往的继续。欢迎、介绍、接待、会见、拜访、辞行及欢送都离不开事先的邀请或被邀请。

1. 掌握邀请礼仪

（1）邀请的方式。

邀请可分为口头邀请和书面邀请两种方式。

①口头邀请。口头邀请又可分为当面邀请和电话邀请。

口头邀请的方式比较自然，常用于相互比较熟悉的朋友、同事之间，这种方式，不但可以让被邀请者了解赴会的目的，而且当时就可知道被邀请者是否有空和乐意接受邀请。

打电话邀请的方式比较灵活，不论什么时候，只要主人有空就可以邀请客人。采用这种方式既可节省亲自去邀请的时间，也可马上知道对方的意见。

②书面邀请。书面邀请也可分为两种，即请柬邀请和信函邀请。

请柬，也叫请帖，是特意为请客而发出的纸质通知，一般在举办较为隆重的宴请且被邀请者比较多的情况下采用。即使近在咫尺，也需送请柬。它既表示邀请者对客人的尊敬，也表明邀请者对此事的心意和态度。

请柬内容应包括活动的主题、形式、时间、地点、主人姓名。请柬要书写清晰、美观。请柬样式如下。

×××先生：

为××××，兹定于××××年×月×日（星期×）晚×时在××××大厅举行宴会。

敬请光临

××（盖章）

××年×月×日

请柬至少应提前1周至2周发出。正式宴会，最好还要在发出前安排好席位，并在请柬的信封下角注明席位号。邀请信一般用于邀请人数较少，被邀请者地位较高的场合。如果是举行会议，在发送邀请信的同时，一般应附送会议的拟定议题，在听取参加者意见之后，再决定最终议题。这是较正式的做法。

（2）邀请的准备工作。

①确定活动目的、邀请范围。

②注意被邀请人同主宾是否有矛盾。

③被邀请者的名字要准确，婚姻状况也不能搞错。

④确定时间、地点，发出邀请。

⑤注意被邀请者的禁忌、习俗与信仰。

⑥布置好宴会场所，安排好座次席位。

⑦如果是举行会议，应做好相关的会议准备工作。

（3）发送邀请。

①在封面要注明“请柬（请帖）”二字，一般要做些艺术加工，如图案装饰，文字用美术体或手写体，较为隆重的还可用烫金字等。

②写明活动的内容，举行活动的时间和地点。如果是邀请观看演出，还应将入场券附上。

③结尾要用“此致”“敬礼！”。

④注明邀请者的名称和发出请柬的时间。

⑤语言应典雅、大方、热情。

⑥注明“盼复”两字，并写清自己的联系方式。

⑦对不熟悉地址的人，可附带说明交通情况或乘车路线。

⑧邀请信或请柬要提前1周至2周发出，以便被邀请人及早安排。

⑨书面邀请的行文要注意突出热情、谦虚，人名、单位名、节日名应用全称。

⑩中文请帖行文中不提被邀请人的姓名，其姓名要写在请柬信封上，主人姓名写在落款处。

2. 掌握应邀礼仪

（1）答复。

①不论是否接受对方的邀请，都应及时礼貌地表示感谢并给予答复。

②答复可以是口头的，也可以是书面的。

③不一定非接受邀请不可，但若拒绝应婉言相告拒绝接受的缘由。

（2）出席。

如果应邀出席活动，应注意以下事项。

①核对时间、地点。

②核实邀请范围，决定是否携带家人。

③了解对着装有何要求。

④明确活动目的，看有无特殊意义（恰逢节日、生日等），决定是否需要带鲜花和礼品。

⑤到现场应主动与主人或工作人员打招呼。

⑥入席时要看准自己的位置，尤其不要随便坐到主宾席上。

⑦考虑是否需要回请。如需回请，可当场表示以后正式发请柬，也可当面口头邀请。

⑧活动结束时要同主人告别，也应同周围的人握手告别，不要不辞而别。

总之，邀请和应邀是商务宴请的必要步骤，不能在商务礼仪方面有所欠缺。

关键点提示

邀请和应邀方面的主要商务礼仪有：

1.邀请别人的过程要做到细致、有礼；2.应邀要及时答复，提前做准备。

6.2 如何招待赴宴客人

工作场景描述

当要招待前来赴宴的客人时，可查看。

解读与分析

宴会接待程序大致可分为迎宾、开宴、席间敬酒、陪客交谈及宴会结束五个阶段，宴请礼仪贯穿于宴会的全程。

1. 迎宾

（1）宴会开始前，主人及其作陪或随从人员应站在大厅门口迎接客人。

（2）当宾客到达时，主人要迎上前来热情问好，并引领其到休息厅暂作休息。

（3）宴前主人应陪同主宾一道入席，作陪或随从人员安排其他客人就座。

2. 宴会致辞

（1）宴会组织者必须按宴会确定的具体时间，准时开始宴会。

（2）宴会开始，主人先致祝酒词。

（3）致辞时手持酒杯，在主桌旁起立讲话，或者到布置好的讲台上讲话。

（4）祝酒时可以宣读事先写好的祝酒词，也可即席发言。

（5）祝酒词内容一定要简练，时间一定要短，用词明快生动，表明设宴的目的和要求，并对来宾表达感谢和敬意。

3. 敬酒

（1）宴会上主人要向客人敬酒，宾客之间往往也会互相敬酒。

（2）敬酒时，要上身挺直，双脚站稳，以双手举起酒杯，并向对方微微点头示礼，对方饮酒时再跟着饮。

（3）敬酒的态度要稳重、热情、大方。

（4）在规模较大的宴会上，主人应依次到各桌上敬酒，而每桌派一位代表到主人餐桌回敬即可。

（5）宴会上互相敬酒，宾主都应量力而行、适可而止，切忌劝酒、逼酒，甚至酗酒。

4. 热情交谈

主宾双方致辞、敬酒完毕，宴会即进入比较轻松、自由的阶段。大家此时可以毫不拘束地进行交谈，但仍要注意不失礼仪。

（1）在整个宴会上，主办者不要一味同自己熟识的几个人交谈。

（2）不能是对一侧的邻座无休止交谈而长时间背对另一位邻座。

（3）主办者不能在整个宴会上坐着一声不吭。如果自己性格内向，确实不善言谈，可事前稍微准备一些话题，以便在他人交谈之际，见机插话。

（4）宴会上可交谈的话题很多，在选择时应注意话题的大众性、趣味性，对那些过于专业、晦涩难懂的话题应予回避，避免冷场。

5.适时结束宴会

（1）宴会时间应在1~2小时，不宜过长或过短。宴会程序基本完成时，主人要掌握时机，适时结束宴会。结束过早，宾主双方未能尽兴，会使宾客对主人的诚意产生怀疑；时间拖延过久，又会导致宾主疲惫，冲淡宴会的气氛。

（2）结束宴会的较好时机是：从服务来说，是服务人员端上水果时；从气氛来说，是宴会达到新的高潮时。适时结束，可以给大家留下难忘的记忆。

（3）主人宣布宴会到此结束，对宾客莅临宴会，表示衷心感谢。如要安排余兴活动，如打牌、唱歌或舞会，可让有兴致的来客自由参加，主随客便。

（4）主人和陪客都应把宾客送到门口，热情握手告别，目送客人离去。对于乘车离去的客人，主人应送客上车，待车开动后，再向客人挥手致意；对于年长的客人和路远的女士，主人可考虑安排人员护送。

接待好前来赴宴的客人，才能达到宴请的真正目的。而这一工作的完成，需要把礼仪工作做到细致入微，否则，得罪了客人，宴请也就失去了意义。

关键点提示

要想接待好前来赴宴的客人，企业需要做到以下几点：

1.热情迎宾；2.祝酒词的内容要简练；3.敬酒有度，适可而止；4.注意席间的交谈礼仪；5.把握好结束宴会的时机。

6.3 如何做行为得当的赴宴者

工作场景描述

当接受邀请前去赴宴时，可查看。

解读与分析

赴宴是高层次的商务活动之一。赴宴的整个过程，有极严格的礼仪要求。

1. 赴宴礼仪

（1）明确答复。无论接到何种方式的邀请，都应尽快明确地表明自己是否应邀，以便主人掌握出席人数。是否接受邀请的态度要明确，不能态度暧昧、语意含糊。如果届时有人缺席，使席位空着，酒菜浪费，是对主人的不尊重。

（2）适度修饰仪表。不论主人还是客人，在出席比较正式的宴会前，都应特别注意修饰自己的仪表。国外宴会对来宾的着装有比较严格的要求，有时主人甚至在请柬上专门注明对客人着装的具体要求。穿T恤衫、牛仔裤、背心和西式短裤、宽松式上衣配健美裤等赴宴都是不妥当的。

（3）适时到达。不要迟到，也不要早到15分钟以上。应稍稍提前，保证准时。到场太早是不明智的，容易为主人添麻烦；迟到是非常失礼的，不仅会给主人带来不便，也会使其他宾客感到不悦。

到达后，应先到休息室等候，在主人引导下与其他宾客一起入席。如没有休息室，可直接进入宴会厅，但是，切忌提前到餐桌旁落座。

（4）不能缺席。一旦接受主人的邀请，就必须如期赴约。除了疾病和非处理不可的事之外，别的事情都不能成为失约的理由。如遇有特殊情况不能出席，应及时地、有礼貌地向主人解释并表达歉意。决不能在同一天里，拒绝一个邀请后又赶赴另一个邀请。

2. 席间礼仪

（1）礼貌入席。

①首先入席的应是主人夫妇与主宾夫妇，而后依次为其他宾客及陪客人员。

②当长辈、女性入座时，晚辈、男性应走上前去将他们的座椅稍向后撤，待他们要坐下时，轻轻将椅子向前推一点，待其坐稳后再离开。

③一般应从自己行进方向的左侧入座。

④同桌的女士、长者、位高者先落座。

⑤落座后椅子与餐桌之间的距离不要过近或过远，最好为20厘米左右。

⑥双手不宜放在邻座的椅背或餐桌上，更不要用两肘撑在餐桌上。

（2）举止得体。

入席后当众补妆、梳理头发、挽袖口或松领带是不礼貌的。用餐中千万不要用自己的筷子为别人夹菜，这样会让对方感到为难。

（3）适度交谈。

①就餐期间，静食不语是不礼貌的。

②交谈的对象要尽量广泛。

③交谈的内容应愉快、健康、有趣。

④交谈的音量要适中。

⑤若的确有话不便公开讲，则应另找适宜的场合进行私下交谈。

⑥与人交谈时应放下手中餐具，暂停进食。

（4）正确使用餐具。

①不能用筷子敲打任何餐具或插在饭碗中。

②席间若失手把餐具掉落在地上，应请服务员补上相应的餐具。

③不小心打翻酒水溅到邻座的客人身上时，应表示歉意并帮助擦干。如对方是女士，则应把干净的餐巾递过去，由其自己擦干。

④应把餐巾摊放在膝盖上，主人打开餐巾就意味着宴席的开始。

⑤中途离席时，可以把餐巾放在椅子上。

⑥餐巾不应用来擦汗、擦眼镜或擦拭餐具。

⑦只使用餐厅提供的餐巾纸，不要把自己随身带的纸掏出来使用。

3. 致辞礼仪

（1）第一致辞者一般由主人或主宾担当。

（2）致辞的内容要紧扣宴请的主题，言简意赅，轻松幽默，热情友好。

（3）在主人或主宾致辞时，宾客应停止交谈，不要吸烟，更不应该埋头进餐。

4. 中途退席的礼仪

客人在席间或在主人没有表示宴会结束前退席是不礼貌的。一旦赴宴，就应尽量避免中途退席，如实在因事需要中途退席，要特别注意相关礼仪。

（1）说明情况。

①如果席前就已准备中途退席，最好在宴请开始之前就向主人说明理由，届时向主人打个招呼便可悄悄离去。

②临时因事需要提早退席，同样应向主人说明理由。无论宴会前或宴会开始后向主人提出中途退席，都不要忘记向主人表示歉意。

（2）选好时机。

①中途退席，不要选择在席间有人讲话时或刚讲完话之后，这容易让人误以为退席者对讲话不耐烦。

②提前退席的时机最好是在宴会告一段落时，如宾主之间相互敬了一轮酒或客人均已用完饭后。

（3）减少影响。

①中途退席只需和主人打招呼或向左右宾客点头示意即可，不要闹得人人皆知。

②对中途退席的宾客，主人不必离席远送，尤其是在宴请宾客人数较多时更不应该如此。以免影响他人用餐，甚至影响整个宴会气氛。

5. 宴会结束的礼仪

（1）只有主人才有权利表示结束宴会。

（2）在主人和主宾离座后，其他宾客才能离座。

（3）如果是家宴，至少要在饭后停留一刻钟再告辞。

（4）主人应在门口为宾客送行。

（5）客人应向主人致谢。

（6）道别的顺序是男宾先向男主人道别，女宾先向女主人道别，然后再交叉道别。

（7）无论宴会多么乏味，道别时都不要向主人流露出厌倦或不悦的情绪。

宴会是交际的好途径。赴宴者必须展现出良好的礼仪风范，才能达成拓展交际空间的目的。

关键点提示

赴宴者必须遵守赴宴的礼仪有以下几点：

1.对邀请及时答复，按时出席；2.宴会期间，注意礼仪；3.致辞时要言简意赅；4.尽量避免中途退场；5.礼貌道别。

6.4　如何享用中餐

工作场景描述

当不是很了解全套的中餐礼仪时，可查看。

解读与分析

吃中餐有很多礼仪需要遵守，这是商务宴请活动中特别要注意的一点。

1. 席位安排礼仪

（1）在国际交往场合和商务交际场合中，中餐习惯于按职务和身份高低排列席位。

（2）如果夫人或女士出席，通常安排女士坐在一起，即主宾坐在男主人右前方，其夫人坐在女主人右前方。

（3）如主宾身份高于主人时，可以请主宾坐在主人的位子上，而主人则坐在主宾的位子上，身份次之的主人坐在主宾的左侧或按常规排列。

（4）主宾携夫人出席，而主人的夫人因故不能出席时，可请与主人有关系且身份相当的女士代替女主人的位置；若无合适的女士出席，可把主宾夫妇安排在主人的左右两侧。

2. 桌次排列礼仪

（1）主桌有两种，一种是长方形横摆桌，主宾面向众席而坐；一种是大圆桌，圆桌中央设摆饰，主客围桌而坐。主桌的座位应摆放席卡。

（2）台下最前列的一两桌是为贵宾和主人准备的，赴宴者如果不是主宾，最好不要贸然入座。

（3）中式宴会多使用圆桌，如果是多桌中餐，则每桌都有一位招待人负责照应，其两侧的座位是留给本桌上宾的。除非受到邀请，赴宴者一般不宜去坐。

（4）如果桌数较多，需将餐桌编号放在餐桌上。

（5）更为隆重的中餐宴会，还会为每位客人准备一份菜单。

3. 餐具使用礼仪

（1）中餐的餐具主要有杯、盘、碗、碟、筷、匙等。

（2）水杯放在菜盘左前方，酒杯放在右前方。

（3）筷子与汤匙可放在专用桌上或放在纸套中。

（4）公用的筷子和汤匙最好放在专用的地方。

（5）不能用筷子随意敲打碗盏或茶杯。

（6）不能随手将筷子掷在桌上，更不能掉到桌下。

（7）筷子不能一横一竖交叉摆放。也不能一根大头，一根小头配合使用。

（8）筷子不能插在饭碗里。

（9）不能把筷子在菜盘里挥来挥去，避免筷子“打架”。

（10）请别人用菜时，不要把筷子戳到别人面前。

（11）不可自己用餐完毕，便扔下筷子离席。

4. 上菜礼仪

（1）上菜的一般顺序是：拼盘或点心、凉菜、热菜、主食、饭后甜点。

（2）上菜的基本原则：拼盘先上，鲜嫩清淡的菜先上，名贵的食品先上，本店名牌菜先上，易变形、走味的菜先上，时令季节性强的菜先上。

（3）如有两桌或两桌以上的宴席，上菜要看主桌。

（4）一般情况下，上一道新菜就要把旧菜撤出去。撤去旧菜前须事先经主人同意。

（5）应把新上的菜摆在桌中或主宾处。

（6）如果上鸡、鸭、鹅、鱼、全猪及全羊等有头有尾的菜或椭圆形菜盘，头的一边或椭圆形菜盘纵向的一边，一定要朝向主位。

（7）如果所上的菜需配佐料食用，一定要配齐再上。一般是先上佐料后上菜，也可以一起上。

（8）各道菜肴上齐后，服务员应告知主人，然后用小碗盛饭。

（9）客人用餐后，应送上热茶，放在每一餐碟的右边。

（10）餐后撤去餐具，只留下酒杯、茶杯，上点心，最后上水果。

5. 劝菜、劝酒礼仪

中国人一向以热情好客闻名于世。用餐时主人会向客人介绍菜的特点，并反复向客人劝菜，希望客人多吃一点。有时热情的主人还会用公筷为宾客夹菜，这是主人热情好客的表现。出于礼节的需要，宾客应表示感谢，并根据自己的胃口适量享用。

另外，吃中餐时主人还会反复向宾客劝酒，希望宾客能吃好喝好，吃西餐时是绝不会出现的。用中餐宴请外宾，切记不可反复劝菜和劝酒。这种中国式的热情好客会被外宾误认为在强迫他，会令其反感，严重的话会影响宴会的友好气氛。

只有遵守了享用中餐的商务礼仪，饭菜才能吃得更加有滋有味。

关键点提示

中餐礼仪主要包括以下几点：

1.按职务和身份高低排列席位；2.根据来宾的重要程度安排桌次；3.正确地使用中餐餐具；4.了解中餐的上菜礼仪；5.适度劝菜、劝酒。

6.5 如何正确地享用西餐

工作场景描述

当商务宴请的内容是以西餐为主时，可查看。

解读与分析

吃西餐的礼仪要比吃中餐的礼仪更多，具体如下：

1. 席次安排礼仪

（1）西餐的座席排列、同一桌上席位高低，以距离主人座位的远近而定，近高远低，右高左低，男女交叉安排。

（2）非官方接待时，以女主人的座位为准。主宾坐在女主人右首，主宾夫人坐在男主人右首。

（3）举行两桌以上的西式宴会，各桌均应安排主人席位，其位置应与主桌主人的位置相同，其宾客也依主桌的座位排列方法就座。

2. 餐具礼仪

（1）餐具排列礼仪。

①餐具一般应在开餐前在桌上摆好。

②每个人面前是食盘或汤盘。

③左边放叉，右边放刀。

④刀叉数目与菜的道数相当，按上菜顺序依次摆放。

⑤食盘上方放匙。用小匙吃冷饮，大匙喝汤。

⑥匙的上方为一排酒杯，从左到右，由小到大。

⑦匙的左方是面包碟，右方是黄油碟，碟内有专用小刀。

⑧餐巾放在汤盘上或插在水杯里。

（2）餐具使用礼仪。

①入席后，不要用餐巾擦拭刀叉。

②尽量不使刀叉发出声音。

③应用公用叉匙，不要把自己的餐具伸进供全桌用的容器中。

④公用叉匙用完应放回原处。

⑤临时离桌，刀叉可呈“八”字形置于碟前，这表示用餐尚未完毕，一会儿要回来继续用餐，服务员便不会收拾餐具。

⑥刀叉并排横斜放在餐盘上，刀叉柄向右表示用餐已毕，服务员可收拾餐具。

3. 西餐菜肴的有关知识

西餐菜肴大体如下：

（1）面包和黄油（或奶油、果酱）。一般在宴会前5分钟摆上，量不多。

（2）冷盘。西餐中又叫小吃，食用时用中刀叉。

（3）汤。在上热菜前上汤，应使用汤匙喝汤，同时不能发出太大的声响，也不能使汤滴在汤盘外。

（4）鱼。鱼带头尾时，需切掉头尾，而后从腹部切入，沿背脊由头向尾切开，将鱼肉放在碟子里食用。已经吃到嘴里的鱼刺应吐在叉上，再放入餐盘的最边缘。通常在鱼端上餐桌之前，大部分鱼刺已经被剔掉了，如果还有刺，可以用左手拿着面包，右手拿着刀子，双手配合把刺拨开。上鱼时，一般随上白葡萄酒，用白酒杯饮用。

（5）副菜，也叫小盘。量较少，易消化，用中刀叉。

（6）大菜，即主菜。西餐宴会讲究上整只熏烤动物，如烤乳猪、烤羔羊、烤火鸡等。吃大餐时需用大刀叉。上主菜时随上红葡萄酒，用红酒杯饮用。

（7）甜点。吃甜点时用点心勺和中叉。上甜点一般要随上香槟酒，用较大的香槟酒杯饮用。香槟酒是西式宴会上的主酒，在西餐中有“酒王”之称，味清凉甘甜，与甜点同用。特别是该酒的气味足，开瓶时能发出清脆的响声，给宴会增添隆重、热烈的气氛。

（8）水果。吃水果时用水果刀，不可直接用手拿水果吃。

（9）咖啡。上咖啡时另跟一小罐牛奶，有时还上方糖，可与咖啡放在一起，用咖啡勺搅拌后饮用。要端起杯子小口饮用，不要一口饮完。

（10）利口酒。这种酒多为蜜酒，是西餐宴会的收尾酒，用利口杯饮用。

普通西餐的上菜顺序是：面包、冷盘、汤、各类菜肴、甜点、水果、咖啡及利口酒。

4. 进餐礼仪

（1）西式宴会是绝对按照准确的时刻进行的。

（2）男宾有照顾女宾的义务。

（3）女宾接受男宾的照顾后，不要忘记向男宾道谢。

（4）宴会自始至终，做客的人必须时刻注意女主人的举动，以免失礼。

（5）每一道菜上来时，要经女主人招呼，才能开始用餐。

（6）参加宴会时，应把餐巾放在膝上。较大的餐巾，通常只需打开一半。

（7）主要的菜式多半由男主人端上，尤其是需要切分的禽类或烤肉。

（8）吃肉类时，要先把肉块（如牛排）切好，然后把刀子放在食盘的右侧，单用叉子食用。

（9）肉饼、煎蛋、沙拉，都不用刀，只用叉。

（10）肉盘中如有肉汁，可用面包蘸着吃。

（11）吃面包只能用手撕着吃，炸薯片、炸肉片、芹菜、芦笋等物可用手拿着吃。

（12）谈话时无须将刀叉放下，除非是在讲一个生动的故事时。

（13）吃甜点，可用叉或匙。

（14）应从左边上菜。

（15）菜端上来时，最好每样菜都取一点。

（16）找机会表示欣赏女主人做的菜。

（17）吃完所要吃的东西以后，就应该把刀、叉或匙放下来。

（18）女主人应一直陪着吃得最慢的客人。

（19）必须中途离席的话，应请女主人原谅。

（20）当女主人从座位上起立，就表示宴会已经结束。

吃西餐时应保持高雅的形象，一定要时刻遵循礼仪，避免露怯。

关键点提示

西餐礼仪包括以下几个方面：

1.男女交叉安排座位，席次分高低；2.餐具的排列和使用十分讲究；3.了解西餐菜肴的种类和上菜顺序；4.注意进餐礼仪。

6.6　如何体面地饮酒

工作场景描述

当在商务宴请中饮酒成为必需时，可查看。

解读与分析

在酒宴上向同事、朋友、领导敬酒、劝酒，能够促进双方的情感交流，使彼此的关系更密切、更稳固。在饮酒方面，需要注意以下礼仪问题。

1. 了解选酒礼仪

（1）选酒方式。

①在现代西方宴会中，为了方便，一般会选定白葡萄酒和香槟酒。

②如果宴会中的菜式和酒类没有提前定好，则需要临时点菜点酒。如果对酒一无所知或知之甚少，可以向服务人员请教。

③主人可以向主宾征求意见，主宾点什么酒就喝什么酒。

（2）酒菜搭配。

①上首道菜时，可配鸡尾酒。

②上汤时饮白葡萄酒或雪莉酒。

③上鱼时饮威士忌混苏打水。

④吃肉类菜品时配以红酒。

⑤吃点心时饮香槟酒或葡萄酒。

⑥喝过咖啡或吃过菜后，配以芬芳可口的利口酒。

2. 掌握斟酒礼仪

在正式宴会上，选好酒后，便有服务人员前来斟酒。

（1）服务人员打开酒瓶后，先用酒杯倒少许酒，请主人品尝。主人应先饮一小口仔细品评，然后再尝一口，感到所上的酒合乎口味后可向服务人员示意，此时服务人员，就可以给客人们斟酒了。

（2）斟酒的顺序是：从正主位右边主宾起逐位向左斟酒。

（3）服务人员要站在客人右手边上斟酒，酒水瓶上商标应面向客人。每斟完一杯，要把酒水瓶稍收高后顺手往右轻轻一旋，以免酒水溢出，流滴到桌面或客人身上。

（4）服务人员一手拿烈性酒，一手拿甜酒，一般先斟烈性酒。如果客人不要烈性酒，就改斟甜酒。

（5）斟酒不宜过满，斟至酒杯的八分满即可。

3. 掌握敬酒礼仪

（1）主人应向客人敬酒。

（2）宾主之间可以互相敬酒。

（3）主人依次到各桌敬酒，而每一桌可派一位代表到主人的餐桌去回敬一杯。

（4）敬酒时，上身要挺直，双脚要站稳，以双手举起酒杯并向对方微微点头示礼，对方饮酒时再跟着饮。

（5）敬酒的态度要稳重、热情、大方。

4. 掌握干杯礼仪

（1）按顺序由主人与主宾首先干杯。

（2）干杯时的态度要从容、有礼。起立举杯，并可说一两句简洁友好的祝酒词。

（3）干杯后，应点头示礼。若在场的宾客较多，可同时举杯示意，不必碰杯。

（4）应由男主人首先举杯，并请客人们共同举杯。

（5）客人、晚辈、女士一般不宜首先提出为主人、长辈、男士的健康而干杯。

（6）女士接受他人祝酒时，不一定要举起自己的酒杯，以微笑表示感谢即可。

5. 了解拒绝礼仪

宴会中如果不想饮酒，不宜生硬地拒绝。

（1）以身体不适或健康原因为借口。可以以身体不舒服或患有某种忌酒的疾病为由，拒绝对方的劝酒。提出这种理由，对方一般就不好再强求了。

（2）以特定的职业为借口。有些特定的职业不大适宜喝酒。如果从自己的职业出发，把不宜喝酒的原因讲清楚，对方是会谅解的。

（3）以安全问题为借口。编出有理有据的理由，证明喝酒对自己有危险，那么对方出于对你安全的考虑，也就不会勉强了，比如晚上要开车走远路。

（4）挑对方劝酒语中的毛病。劝喝酒，总得找个理由，而有些理由有时是立不住的。特别是一些并不太高明的劝酒者，其劝酒语中往往会有不少漏洞。抓住这些漏洞，证明应该喝酒的不是自己，而是对方，或者是其他人。

（5）把烫手山芋扔给他人。长辈可请代喝，女士可请男士代喝，酒量小的人可请关系较亲密而酒量大的人代喝，上级可请下级帮着喝。一般来说，只要代喝者愿意效劳，劝酒者是不好再说什么的。

6. 细节

（1）当主人或服务人员为宾客斟满酒后，宾客应有礼貌地品一下酒。

（2）不要看见杯里有酒便一饮而尽，或者把酒喝得顺着嘴角往下流。

（3）饮酒时应正确举杯。男士不可翘起小指。

（4）饮酒者应控制自己的饮酒量，保持大脑的清醒和思维的敏捷。

（5）应事先了解对方饮酒习惯。

（6）劝酒应适可而止。

（7）不可边饮酒边吸烟。

无论如何，饮酒应强调一个“度”，不能喝得烂醉如泥，丑态百出。

关键点提示

饮酒礼仪主要有以下几点：

1.选酒需要讲究礼仪；2.斟酒要合规矩；3.敬酒要大方；4.干杯要有礼；5.拒绝喝酒要有合适的借口；6.注意饮酒的小节。

6.7 如何在吃工作餐时保持礼仪形象

工作场景描述

当利用工作餐进行商务活动时，可查看。

解读与分析

出色的人常常利用工作餐的机会，与对方进行沟通。工作餐所强调的不是形式与档次，而是意在以餐会友，重在创造一种有利于商务人员进一步接触的轻松、愉快、和睦、融洽及友好的氛围。

1. 筹备礼仪

（1）目的。如果有人主动提议与他人共进工作餐，则提议者大都意欲借此机会来实现自己的某种目的。

（2）时间。举行工作餐的具体时间，原则上应当由工作餐的参与者共同协商决定。有时，亦可由做东者首先提议，并且经过参与者的同意。

为了合理地利用时间，不影响参加者的工作，工作餐通常都被安排在工作日的午间，利用工作之间的间歇进行。工作餐的最佳时间，通常被认为是中午的12点或1点左右。

若无特殊情况，每次工作餐的进行时间以1个小时左右为宜，至多也不应当超过2个小时。当然，若是届时要事尚未谈完，而大家一致同意，适当延长一些时间也未尝不可。

（3）地点。地点可以临时选择。它可以由一方提议，也可以由双方共同决定；可以提前若干天约好，也可以当天临时决定。

根据惯例，工作餐的地点应由提议者选定，参与者则应当客随主便。具体而言，工作餐的地点可有多种多样的选择，公司食堂、酒楼、餐厅、咖啡厅、快餐店等地点，都可予以考虑。

2. 做东礼仪

一般来讲，哪一方首先提议举行工作餐，则应由哪一方出面做东。而东道主一方出席工作餐时的行政职务最高者，理所当然是主人。

作为主人，在举行工作餐的时候，要做好下列事情。

（1）通知客人。正式决定进行工作餐之后，依照常规应由主人负责将相关的时间、地点、人员、议题等，通报给其他人员。对于重要的人士，必须由主人亲自告知。

（2）负责订座。前往一些著名的餐馆举行工作餐时，通常需要提前预订座位，必要时预付一定数额的押金。

（3）迎候客人。

①举行工作餐时，做东者必须先于客人抵达用餐地点，迎候客人们的到来。一般以提前10分钟抵达用餐地点为宜。除餐馆的正门之外，预订好的餐桌旁、餐馆里的休息室，以及宾主双方提前约好的会面地点，都是适合做东者迎宾的地方。

②做东者因故不能提前抵达用餐地点迎候客人时，须说明原因，并向客人致歉。

（4）结算餐费。

根据常规，工作餐的结算，应当由做东者负责。具体来讲，工作餐的付费方式通常又分为“主人付费”和“各付其费”等两种。所谓“主人付费”，指的是在就餐结束后，由做东者负责付账；所谓“各付其费”，又称AA制，它是指就餐结束后，所有用餐者平均分摊账单，各自支付各自所应支付的费用。在国外，商界人士在共进工作餐时，更多的是以AA制方式付费。

①如果是主人付费，做东者应当先与侍者联系，独自前往收款台结账，或是在自己送别客人之后，再回过头来结账。尽量不要让侍者当着客人的面口头报账，更不能让侍者不明主次地将账单递到了客人的手里。

②如果采用AA制付费方式，则需要提前约定。

3. 进餐礼仪

（1）座次。

鉴于工作餐是一种非正式的商务活动，所以人们对其座次通常是不太讲究的。值得注意的事情如下：

①就座时，座次往往不分主次，而可由就餐者自由就座。

②出于礼貌，主人不应事先就座，而是应当落座于主宾之后。

③主人为主宾让座，应当请对方就座于主人的右侧或正对面，如面对正门之处、视野开阔之处，以及能够观赏优美的景致的位置。

④主人与主宾若为异性，则双方最好对面而坐。

（2）菜肴的选择。

与宴会、会餐相比，工作餐仅求吃饱，而不刻意要求吃好。

①工作餐的菜肴不必过于丰盛，以简单为好。

②菜肴安排应当由东道主负责。不过东道主最好还是先同主宾协商一下为好。

③菜肴安排应主动回避对方的饮食禁忌。

④最好采取“分餐制”的就餐方式，“公筷制”亦可。

⑤饮料不应包括烈酒。

⑥就餐者还须自觉禁烟。

（3）席间的交谈。

举行工作餐时，讲究的是办事与吃饭两不耽误。应注意的情况如下。

①宾主双方进行实质性问题的交谈，通常宜早不宜晚。吃饱喝足后才正式开始交谈，会让时间不够充裕。

②主人可待主宾用毕主菜之后，暗示对方交谈开始。常用的开场白有包括“大家谈一谈吧”“向您请教一件事情”等。

③在点菜后上菜前，可开始正式交谈。

（4）用餐的终止。

①拟议的问题一旦谈妥，工作餐即可结束。

②主人将餐巾放回餐桌之上，或是吩咐侍者来结账，可以认为在暗示就餐结束。

③客人长时间地默默无语，或是反复地看表，可以认为是在暗示就餐应该结束。

工作餐最讲究的是务实，它是以另外一种形式进行的商务活动，应当引起充分的重视。

关键点提示

工作餐礼仪包括以下三点：

1.筹备礼仪；2.做东礼仪；3.进餐礼仪。

6.8　如何吃好自助餐

工作场景描述

当商务宴请选择了自助餐的形式时，可查看。

解读与分析

自助餐凭借自由、宽松的就餐氛围，越来越受到业界人士的青睐。

1. 自助餐的特点

自助餐，有时亦称冷餐会。通常不预备正餐，而由就餐者在用餐时自行选择食物、饮料，然后或立或坐，自由地与他人在一起或是独自一人用餐。

（1）免排座次，甚至不用提供座椅。

（2）节省费用。因为自助餐多以冷食为主，不搞正餐，故可大大节约开支。

（3）各取所需。碰上自己偏爱的菜肴，可尽情取用。

（4）可招待的人数多。

（5）环境宽松。就餐者可以随意走动，放松地交流。

2. 自助餐的筹备事宜

（1）就餐的时间。

①自助餐大都被安排在各种正式的商务活动之后进行。

②自助餐的用餐时间不必进行正式的限定，只要主人宣布用餐开始，大家即可开始就餐。

③用餐者只要自己觉得吃好了，在与主人打过招呼之后，随时都可以离去。

④自助餐是无人出面正式宣布其结束的。

（2）就餐的地点。

①能提供一定的活动空间。

②能提供数量足够使用的餐桌与座椅桌椅餐具。

③能使就餐者感觉到就餐地点环境宜人。

（3）食物的准备。

一般的自助餐所供应的菜肴大致包括冷菜、汤、热菜、点心、甜品、水果以及酒水等几大类型。

①以提供冷食为主。

②食物品种应丰富多彩。

③同一类型的食物应被集中在一处摆放。

④酌情安排一些时令菜肴或特色菜肴。

⑤务必保证食物的供应。

⑥须注意食物的卫生。

⑦注意热菜、冷饮的保温问题。

（4）要安排好服务者。

小型的自助餐，主人往往可以同时充当服务者。但是，大规模的自助餐，显然是不能缺少专职服务者的。在自助餐上，直接与就餐者进行正面接触的，主要是侍者。根据常规，自助餐上的侍者须由健康而敏捷的人员担任，他们的主要职责是：主动提供一些辅助性的服务，避免来宾因取食不便而影响与他人的交流。

3. 自助餐的招待礼仪

（1）要照顾好主宾。

不论在何种情况下，主宾都是主人照顾的重点，在自助餐中，也不例外。主人在自助餐上对主宾所提供的照顾，主要表现在陪同其就餐、与其进行适当的交谈、为其引见其他客人，等等。当然，要给主宾留下一点供其自由活动的时间，不要始终伴随其左右。

（2）要充当引见者。

作为社交活动的一种具体形式，自助餐自然要求其参加者主动进行适度的交际。在自助餐进行期间，主人一定要尽可能地为互不相识的客人多创造相识的机会，积极为其牵线搭桥，充当引见者，即介绍人。

4. 了解自助餐享用礼仪

（1）排队取菜。

①讲究先来后到，应排队选用食物。不允许乱挤、乱抢、乱加塞。

②在取菜之前，先要准备好一只食盘。

③取菜后即应迅速离去。

④切勿在众多的食物面前犹豫，让身后人久等。

⑤不应在取菜时挑挑拣拣。

⑥不得直接下手或以自己的餐具取菜。

（2）循序取菜。

①取菜时的先后顺序应当是：冷菜、汤、热菜、点心、甜品和水果。

②在取菜前，最好先在全场转上一圈，了解一下菜品情况，然后再去取菜。

（3）量腹取食。

在享用自助餐时，多吃是允许的。但切勿为了吃得过瘾，而将食物狂取一通却无法吃完，最后导致食物浪费。

（4）多次取菜。

①用餐者可以在自助餐上反复选取某一种类的菜肴，直至自己感到吃好了为止。

②在选取菜肴时，最好每次只为自己选取一种。待吃好后，再去取用其他的品种，这样可以避免食物间相互串味。

（5）避免外带。

自助餐有一条不成文的规定，只许可就餐者在用餐现场里自行享用，而绝对不允许在用餐完毕之后携带出场。在用餐时吃多少东西都不碍事，但是千万不要偷偷往自己的包里装，或者要求服务生“打包”，此举会很失礼。

（6）送回餐具。

既然是自助餐，那么用餐结束之后，用餐者就应自觉地将餐具送至指定处。

（7）照顾他人。

①在用餐的过程中，对其他不相识的用餐者，应当以礼相待。

②在排队、取菜、寻位以及行进期间，要主动谦让。

③不要目中无人，蛮横无理。

④不可以自作主张地为别人代取食物。

⑤不可以让别人吃自己不喜欢或吃不了的食物。

（8）拓展交际。

①吃自助餐属于次要之事，而与其他人进行适当的交际活动才是最重要的任务。

②不应当以不善交际为由，来了就吃，吃了就走。

③应主动寻找机会，积极地进行交际活动。

④应当找机会与主人交流一番。'

⑤应当与老朋友好好叙一叙旧。

⑥应当争取多结识几位新朋友。

⑦加入一个陌生的交际圈，要先求得圈内人的同意。

⑧忌讳像没头的苍蝇一样，到处乱撞。

自助餐是目前国际上通行的一种非正式的西式宴会，在大型商务活动中尤为多见。掌握了自助餐的商务礼仪，就等于拥有了一个广阔的舞台。

关键点提示

自助餐中应了解如下事项：

1.自助餐应免排座次，创造宽松环境；2.自助餐筹备工作要做得周密；3.享用自助餐需要遵循礼仪。

6.9　如何参加商务舞会

工作场景描述

当要组织或参加舞会时，可查看。

解读与分析

舞会的形式自由活泼，内容丰富健康，参与性、娱乐性都比较强。在商务活动中，经常采用舞会的形式联络感情，加深友谊。

舞会礼仪没有明文规定，一般都是人们约定俗成的。但如果不注重舞会礼仪，往往也会给人以没有知识、缺乏修养、不懂礼貌的感觉，甚至引起众人的反感，这样不仅会损害自己在公众眼中的形象，而且会影响商务活动的最终效果。

1. 组织舞会的礼仪

对舞会的安排，总的要求是精心组织，力求气氛热烈。为此，在礼仪方面要注重以下几点。

（1）布置舞场。

①风格的要求是典雅、大方。

②灯光不宜太亮或太暗。

③如果是专场舞会，应在舞场周围张贴欢迎海报，以示热情。

④如果是重要的酬宾舞会，应免费供应饮料，还可以放置糖果之类的小食品。

⑤舞场的大小应与客人多少相适应。

⑥舞场四周应摆设足够的座椅，以供来宾在跳舞间隙时就座。

（2）挑选舞曲。

①既要选择一些世界名曲作为伴奏曲，也要选择一些当前受欢迎的流行歌曲作为伴奏曲。

②舞曲要丰富多彩，各种舞曲要穿插播放。

③音量要适中，不宜过大或过小。

④舞曲的选择，要以对象而定。选择舞曲时，要区别来客的不同需要，如舞者中以青年人为多，可选择一些节奏感较强的舞曲；如舞者中老年人居多，则可多选择一些优雅的世界名曲。

⑤如果有乐队现场伴奏，则效果更佳。但要事先指定乐曲，不宜任意发挥。

⑥歌手的献歌，要与舞会的气氛相协调。

（3）安排伴舞。

应考虑来客以何种性别为多，必要时安排一定数量的伴舞人员。

（4）做好安全保卫工作。

①专人把门。闲散人员，不准入内；衣冠不整者，谢绝入场。

②端正舞风。当发现个别客人举止不轨时，应由安保人员劝阻，或劝其退场。

③要有专人保管来客的衣服、财物。严防发生客人财物丢失这类不愉快的事件。

2. 参加舞会的礼仪

（1）仪容要求。

①参加舞会前应沐浴，梳理适当的发型。

②男士要剃须。

③必须注意个人口腔卫生，清除口臭，在舞会前禁食气味刺激的食物。

④外伤患者、传染病患者，不要参加舞会。否则，不仅会影响大家的情绪，还有可能传染别人。

（2）化妆要求。

参加舞会前，根据个人的情况，进行适度的化妆。

①男士化妆的重点是美发、护肤、祛味。

②女士化妆的重点是美容和美发。舞会妆允许相对浓一些。

（3）服装要求。

①舞会的着装必须干净、整齐、美观、大方。

②可以穿格调高雅的礼服、时装、民族服装。

③若举办者对服装有特殊要求的话，须认真遵循。

④在舞会上，通常不允许戴帽子、墨镜，或者穿拖鞋、凉鞋、旅游鞋。

⑤一般不允许穿外套、军装、工作服。

⑥服装忌过于暴露、过透、过短、过紧。如果动不动就“春光外泄”，既不舒服，也不庄重。

3. 邀人礼仪

在邀请他人共舞时，要特别注意有关礼仪。

（1）常规要求。

①邀请舞伴时，最好是邀请异性。通常讲究男士去邀请女士，女士可以拒绝；女士也可邀请男士，但是男士不能拒绝。

②在正式的舞会上，尤其是在涉外舞会上，同性之人尽量不要相邀共舞。两位男士一同跳舞会令人有关系甚密之感；而两位女士一起跳舞，则有被男士冷落之嫌。

③按惯例，舞会上一对舞伴只宜共舞一支曲子。接下来，需要通过交换舞伴去扩大自己的交际面。舞会上的第一支舞曲，一般由男士邀请与自己一同前来的女士共舞。如有意愿，二人还可以在演奏舞会的结束曲时再同跳一次。

（2）邀请方法。

①主动接触法。自己主动上前邀请舞伴，要先向被邀请者的同伴含笑致意，然后再彬彬有礼地询问被邀请者：“能跟您跳一支舞吗？”

②请人介绍法。当邀请成功的把握不是很大时，可以请与双方相熟的人士代为介绍，牵线搭桥。

③邀请他人跳舞，要表现文明、大方、自然。

④不要勉强对方。

⑤不要出言不逊。

⑥不要与其他人争抢舞伴。

（3）选择舞伴。在舞会上自行选择舞伴时，也有礼仪规范可循。一般来讲，选择舞伴时应该挑选与自己最适合合作的异性，但不能挑三拣四，让别人感到不快。

（4）顺序要求。

与自己同来的同伴一起跳开始曲后，可以酌情自择舞伴。

舞会上的第二支舞曲开始，男主人应当前去邀请男主宾的女伴跳舞，而男主宾则应回请女主人共舞。男主人还须依次邀请在礼宾序列上排位第二、第三的男士的女伴各跳一支舞曲。那些被男主人依照礼宾序列相邀共舞的女士的男伴，则应同时回请女主人共舞。舞会的女主人、被介绍相识的女士、熟人的女伴、坐在自己身旁的女士，都是男宾应当以礼相邀、共舞一曲的对象。以上女士若被男宾邀请后，与其同来的男伴最好回请该男宾的女伴跳上一曲。

4. 拒绝礼仪

（1）在舞会上被人相邀时，通常不宜拒绝对方。

（2）回绝对方时，要注意态度和措辞，以免伤到对方的自尊心。

（3）拒绝对方时，应起身相告具体原因，同时向对方致歉。

（4）拒绝一个人的邀请之后，不宜马上接受他人的邀请。

（5）托词要委婉。拒绝他人时，语言不宜生硬、粗鲁。

5. 舞姿礼仪

舞会上，舞姿不必很优美，舞技也不必很娴熟，但是在跳舞时，必须尽量使动作达到合乎礼仪规范的标准。

（1）程序规定。

①步入舞池时，须女先男后，由女士选择跳舞的具体位置。

②在跳舞的过程中，应由男士领舞，女士配合。

③如果有现场乐队，一曲舞毕，跳舞者应面向乐队立正鼓掌，以示感谢。

④男士应将自己请的女士送回其原来的休息处，道谢告别之后，才能再去邀请其他女士。

（2）舞姿文明。

①跳舞的动作要与舞曲协调一致。

②舞步不允许自我创作，乱跳一气。

③不允许有意用夸张、怪异、粗野，甚至色情的舞蹈动作去吸引他人的注意。

④在跳舞时要与其他舞者保持适当的距离，以防相互影响。

⑤万一不慎碰撞或踩踏了别人，应向对方道歉；自己被碰撞或踩踏后，应对他人的道歉表示“没关系”。

⑥不管与舞伴是何种关系，两个人一起合作跳舞时，除必要的以手相互持握外，身体的其他部位都要保持舞姿规定的间隔。

⑦不能与舞伴在跳舞时贴面、贴胸、贴腹。

⑧跳舞时不要长时间紧盯着对方的双眼。

舞会是开展商务活动、拓展人际关系的重要渠道，舞会上一个小小的失礼行为，都会影响到自己在他人眼中的整体形象。如果因此丧失了商业机会，那就得不偿失了。

关键点提示

有关于舞会的商务礼仪有：

1.组织舞会要面面俱到；2.参加舞会要懂得并遵守礼仪；3.邀请别人跳舞要有风度；4.拒绝别人的跳舞邀请语言要委婉；5.舞姿尽量追求标准；6.利用舞会友好地进行交际。